少年读儒家经典

少年读孝经

姜忠喆　主编

民主与建设出版社
·北京·

图书在版编目（CIP）数据

少年读孝经 / 姜忠喆主编 . -- 北京：民主与建设
出版社，2020.7

（少年读儒家经典；5）

ISBN 978-7-5139-3075-8

Ⅰ . ①少… Ⅱ . ①姜… Ⅲ . ①家庭道德−中国−古代
②《孝经》−少年读物 Ⅳ . ① B823.1-49

中国版本图书馆 CIP 数据核字（2020）第 102739 号

少年读孝经

SHAONIAN DU XIAOJING

主　　编	姜忠喆	
责任编辑	刘树民	
总 策 划	李建华	
封面设计	黄　辉	
出版发行	民主与建设出版社有限责任公司	
电　　话	（010）59417747　59419778	
社　　址	北京市海淀区西三环中路 10 号望海楼 E 座 7 层	
邮　　编	100142	
印　　刷	三河市燕春印务有限公司	
版　　次	2020 年 8 月第 1 版	
印　　次	2020 年 8 月第 1 次印刷	
开　　本	850mm×1168mm　1/32	
印　　张	5 印张	
字　　数	99 千字	
书　　号	ISBN 978-7-5139-3075-8	
定　　价	198.00 元（全六册）	

注：如有印、装质量问题，请与出版社联系。

前言

　　《孝经》儒家十三经之一。传说是孔子作。

　　《孝经》，以孝为中心，比较集中地阐述了儒家的伦理思想。它肯定"孝"是上天所定的规范，"夫孝，天之经也，地之义也，人之行也。"指出孝是诸德之本，认为"人之行，莫大于孝"，国君可以用孝治理国家，臣民能够用孝立身理家。《孝经》首次将孝与忠联系起来，认为"忠"是"孝"的发展和扩大，并把"孝"的社会作用推而广之，认为"孝悌之至"就能够"通于神明，光于四海，无所不通"。对实行"孝"的要求和方法也作了系统而详细的规定。它主张把"孝"贯串于人的一切行为之中，"身体发肤，受之父母，不敢毁伤"，是孝之始；"立身行道，扬名于后世，以显父母"，是孝之终。它把维护宗法等级关系与为君主服务联系起来，认为"孝"要"始于事亲，中于事君，终于立身"。具体要求："居则致其敬，养则致其乐，病则致其忧，丧则致其哀，祭则致其严"。

　　《孝经》还根据不同人的身份差别规定了行"孝"的不同内容：天子之"孝"要求"爱敬尽于其事亲，而德教加于百姓，刑于四海"；诸侯之"孝"要求"在上不骄，高而不危，制节谨度，满而不溢"；卿大夫之"孝"要求"非法不言，非道不行，口无择

1

言，身无择行"；士阶层的"孝"要求"忠顺事上，保禄位，守祭祀"；庶人之"孝"要求"用天之道，分地之利，谨身节用，以养父母"。

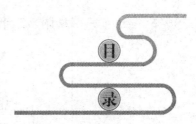

▪ 附：二十四孝

孝 经

开宗明义章①

原 文

仲尼居②，曾子侍③。子曰："先王有至德要道④，以顺天下⑤，民用和睦，上下无怨。汝知之乎？"曾子避席曰："参不敏⑥，何足以知之？"子曰："夫孝，德之本也，教之所由生也。复坐，吾语汝。身体发肤，受之父母，不敢毁伤，孝之始也。立身行道，扬名于后世，以显父母，孝之终也。夫孝，始于事亲，中于事君，终于立身。《大雅》云：'无念尔祖，聿修厥德⑦。'"

1

注解

①开宗明义：揭示全书的宗旨。邢昺疏："开，张也。宗，本也。明，显也。义，理也。言此章开张一经之宗本，显明五孝之义理，故曰开宗明义章也。"所谓"五孝"，乃指天子、诸侯、卿大夫、士、庶人之孝。

②仲尼：孔子的字。孔子（公元前551～前479年），名丘，字仲尼，春秋时鲁国陬邑（今山东曲阜东南）人。我国古代伟大的思想家和教育家，儒家学派的创始人。他对我国思想文化的发展有巨大贡献，影响极其深远。《论语》是研究孔子的最主要的资料。

③曾子：即曾参（公元前505～公元前434年），字子舆。孔子的弟子。

④先王：先代盛德之王。

⑤顺：通"训"。引申为治理。

⑥参：即曾参。按照礼节，卑者在尊者面前，如果需要自称，不可使用"我""吾"一类人称代词，而应自呼其名。王引之《春秋名字解诂》说：曾参，字子舆。参，"骖"的假借字。骖是驾车的三匹马，舆是车。按照名字相应的规律，名骖字子舆，就是驾马用来拉车的意思。方以智《通雅·姓名》、王夫之《礼记章句》卷三、卢文弨《经典释文考证》、朱骏声《说文通训定声》等，持说皆与王引之同。

⑦《大雅》云二句：见《诗经·大雅·文王》。无：语首助

词，无义。聿：述，遵循。

孔子在家闲坐，曾子在旁边陪坐。孔子说："先王有一种至高无上的德和非常重要的道，用它来治理天下，以至于百姓和睦，上下无怨。你知道它是什么吗？"曾子连忙离席起立回答说："参资质驽钝，怎么能知道呢？"孔子说："孝这个东西，它是一切道德的根本，各种教化都是由它而生。你坐下，我来慢慢地给你讲。一个人的身躯、四肢、毛发、皮肤等等，都是从父母那里得到的，不敢使它们受到毁伤，这可以说是孝的开始。如果能够建功立业，实现圣人的主张，不但使自己扬名于后世，而且也为父母脸上增光，这可以说是孝的最终目标。孝，开始于事奉双亲，中间经过事奉国君，最后达到建功立业。《大雅》上说：'牢记你的先祖，继承并发扬他们的美德。'"

解　读

"仲尼居，曾子侍"表示《孝经》既不是孔子的著作，也不是曾子的记录，应该是儒家弟子集体整理出来的作品。

"居"和"侍"相对，表示师长和学生之间的伦理关系。既然要讲经说道，那么基本的礼节必须展现。

"先王有至德要道"是孔子对先王的敬重，这也是以身作则，把孝道融入教学。倘若一开口就告诉曾参"你仔细听好，我今日要教你人间至高的品德和重要的实践途径"，如果不这样那就有失师道，顶多是经师而够不上人师了。

果然，曾子赶紧从座位中站起来，表现出十分的敬意，表示要洗耳恭听，对师长的教诲丝毫不敢怠慢，并且谦恭地说自己不够聪敏，还不知道有这么好的治世良方，敬恳老师赐教。如果换一种方式，他仍旧坐在椅子上，懒洋洋地问老师："这个题目要不要考？"或者说："我已经听说了，当然知道。"甚至于笑嘻嘻地说："老师已经说过好多次了，说一些新的吧！"岂不是学生胡闹，而老师啼笑皆非？

"夫孝，德之本也，教之所由生也。"孔子直接说出结论，用意在醍醐灌顶。在曾参注意力集中时，先把重要的结论说出来。这不是一般人所说的"灌输知识"，而是使人醒悟或者获得启发的"灌输智慧"。假定曾参一连串提问：这是为什么？有没有实证？能不能举例说明？恐怕有效的教学活动，也将受到严重的破坏。

于是，孔子要曾参回坐，再细加分析。先把重点记住，然后细嚼慢咽。否则把次序颠倒过来，一开始就挑明"身体发肤，受之父母，不敢毁伤，孝之始也"，那就违反了《大学》所说的"知所先后"的道理。影响所及，相传曾子后来也写不出"物有本末，事有终始"的经文，以传诸后世。

孝从"事亲"开始。事的意思是侍奉，但是含有实事求是、不马虎、不徒具形式的用意。人一生下来，最先接触的便是父母。伦理开始于家庭，而孝是基础，所以说孝为"德之本"。教育由家庭着手，把孝道实践出来，并且代代相传，成为最基本的教学准则。因此，教化由"孝"开展，成为中华文化的特色。不但举世闻名，而且长久以来产生着重要影响。

长大进入社会，不论从事什么工作，始终保持为人民服务的热诚。不为非作歹而使父母受辱，最终建立功业，使自己的名声铭刻在人们心中。倘能因此为父母争得荣耀，那就是"以显父母"，才是孝的最终目标。

《孝经》全文，都以曾参求教而孔子讲道、解惑的教学活动，来诠释孝的内涵、类别、功能以及价值。"事亲"指心中有父母，时刻不忘孝敬和关心。"事君"是服务社会人群时，不要忘记扬名显亲。至少不使父母受辱，也就是自己不能被人责骂"没有家教"，甚至于遭受"这是哪家的子弟？如此不三不四、不懂得规矩"的辱骂，使父母颜面无光、羞于见人。"立身"则是由于"事亲"和"事君"两方面的实践和体悟，明白安身立命的道理即在于"以孝事亲及事君"，这是中华民族独特的道德责任，荣耀无比。先王通过这样的至德要道，获得良好的印证。想想为什么春秋、战国以后，一直没有办法达成这样的效果，才是我们现代重新学习《孝经》的最大意义。

事 例

孙思邈是唐朝著名的医药学家，他擅长治疗各种疑难杂症，救治过许多垂危的病人。他曾经用针灸救活了一个已被装进棺材的孕妇，并使这位妇女顺利地产下了一个胖娃娃，一针救活了两条性命。在长期行医的过程中，孙思邈还总结出治疗甲状

腺肿大和脚气等疑难杂症的良方。在医学实践上，他收集整理了很多药方，写成了《千金要方》《千金翼方》两部著作，共记载了六千多个药方。为纪念他在医药学上的成就，后人尊称他为"药王"。其实，这位药王学医的最初动机是为了给自己的父母治病。

隋朝末年，孙思邈出生于京兆华原（今陕西耀县）一个贫苦人家，他的父亲是一名木匠。孙思邈很小的时候就开始跟着父亲走乡串户做木工活儿，帮父亲打打下手。耳濡目染之下，小思邈也会点木工，时常雕一些小动物哄爹娘开心。邻里们都说，小思邈长大后肯定比他爹的手艺还好。长此以往，小思邈也一直认为自己将来会是个出色的木匠。

在孙思邈七岁的时候，父亲得了雀目病（即夜盲症），而母亲患了粗脖子病。有一次，父亲在锯木时，看到他在一旁看着自己发呆，便问他："孩子，你长大了也要做木匠？"孙思邈回答说："不，我要做一名大夫，那样就可以给你们治病了。"父亲见他小小年纪便有一片孝心，心里十分感动，第二天就带着孙思邈去城外上学。孙思邈在那里知道了扁鹊，也懂得了圣贤之道以及"行医者，兼济天下"的道理。这些先人之道也让他确立了以后行医的操守：不论富贵贫贱，不论男女老幼，皆一视同仁且尽心尽力！

当孙思邈十二岁时，父亲送他到了附近的药农张七伯家去当学徒。孙思邈走进张七伯家，只见院子里里外外都堆满了草药，十分高兴，心想：这些草药里也许有能治父母亲病的药，太好了，我一定要认真学习！在张七伯家当学徒的三年里，孙思邈经常向张七伯询问药理知识，常常令张七伯难以回答。后来，他才知道原来张七伯只会用一些土方治病，根本不懂药理。张七伯也懂得孙思邈的心思，就对他说："你很聪明，又很好学，我不能耽误你的前程，从我这里出发北去四十里的铜官县，那里有位名医，是我的舅舅，你到他那里去学医吧！"临走前，他还送给孙思邈一本《黄帝内经》，希望他学有所成，有朝一日成为名医。孙思邈到了铜官县，四方打听找到了这位名医，他在那里潜心学习了一年，又钻心研究《黄帝内经》，医学知识长进了很多。但这位名医也不知道如何治雀目病和粗脖子病，这使孙思邈十分失望。

第二年，孙思邈便回到了家乡开始给乡亲们治病。在行医时，他不贪图财物，对病人一视同仁，爱护有加，渐渐的在家乡有了点名气。有一次，他治好了一位病人的病，病人到他家来答谢，得知孙思邈父母身患痼疾，就对孙思邈说："我听说太白山麓有一位叫陈元的老大夫能治你母亲的病，你可以去那儿看看。"孙思邈听了非常高兴，第二天就出发赶往太白山。从家乡陕西耀县到秦岭太白山有四百里的路程，孙思邈走了半个月才到，并沿路打听陈元大夫。寻到陈元后，孙思邈表明了来意并想拜他为师，陈元被他的孝心打动了，便收他为徒。在陈元那里，孙思邈终于学到了治粗脖子病的祖传秘法，可是如何治雀目病却仍然毫无头绪。一天，孙思邈问师父："为什么患雀目病的大多是贫苦人家的人，而有钱人是很少有人患这种病呢？"陈元听后思索片刻，说："说不定是贫穷人家很少吃肉的原因，你可以给病人多吃点肉试试。"孙思邈遵照师父的话，他让一位病人每天吃几两肉，但试了一个月仍毫不见效。不过他并不气馁，再次翻遍大量医书，偶然间在一本书上看到"肝开窍于目"的解释。于是，他就试着给那位病人改吃牛羊肝，不到半个月，果然见到了期望的疗效。欣喜若狂的孙思邈立刻赶回家，用在太白山学到的方法给父母亲治病。不久，父母的雀目病和粗脖子病都痊愈了。

孙思邈不仅重视对医术的研究，还注重对诊病方法的总结，他说："胆欲大而心欲小，智欲圆而行欲方。""胆大"是要自信而有气质；"心小"是要小心谨慎；"智圆"是指遇事灵活机变，不得拘泥，须有制敌先机的能力；"行方"是指不贪名、不夺利，心中自有坦荡天地。这就是孙思邈对于良医的要求。何止于医者，做人也当如此！

天子章①

子曰："爱亲者，不敢恶于人，敬亲者，不敢慢于人②。爱敬尽于事亲，而德教加于百姓③，刑于四海④。盖天子之孝也⑤。《甫刑》云⑥：'一人有庆，兆民赖之⑦'。"

注解

①天子：指帝王、君主。《礼记·表记》云："惟天子受命于天，故曰天子。"《白虎通》："王者父母天地，亦曰天子。虞夏以上，未有此名，殷周以来，始谓王者也天子也。"

②爱亲者，不敢恶于人；敬亲者，不敢慢于人：恶，厌恶，憎恨。慢，轻侮，怠慢。《孟子·梁惠王》："老吾老以及人之老，幼吾幼以及人之幼；天下可运于掌。"《孟子·离娄》："君子所以异于人者，以其存心也。君子以仁存心，以礼存心；仁者爱人，有礼者敬人。爱人者，人恒爱之；敬人者，人恒敬之。"孟子曰："君之视臣如手足，则臣视君如腹心；君之视臣如犬马，则臣视君如国人；君之视臣如土芥，则臣视君如寇雠。"全句的意思是：亲爱自己父母的人就不会讨厌别人的父母；尊敬自己父母的人，就不会怠慢别人的父母。

③德教加于百姓：德教施于万民的意思。《吕氏春秋·孝行》云："光耀加于百姓。"高诱注："加，施也。"德教：以道德教化。

④刑于四海：刑，法则。四海，四夷。《尔雅》："九夷、八狄、七戎、六蛮谓之四海。"《孟子·滕文公》："上有好者，下必有甚焉者矣。君子之德，风也；小人之德，草也；草尚之风必偃。"《礼记·乐记》："君好之，则臣为之；上行之，则民从之。

9

诗云：'诱民孔易'，此之谓也。"《吕氏春秋·孝行览》："故爱其亲，不敢恶人；敬其亲，不敢慢人，爱敬尽于事亲，光耀加于百姓，究于四海，此天子之孝也。"

⑤盖：《公羊传·宣公元年正义》："盖，犹是也。"《广雅·释诂》："是，此也。"

⑥《甫刑》：一名《吕刑》，《尚书》篇名。

⑦一人有庆，兆民赖之：一人，天子。庆，善也。有庆，指天子有了爱亲敬亲孝行可庆善的事实。兆民，万民，指天下之百姓。兆有两种说法，一说一百万为一兆，一说古代以万亿为兆，这里指数目极多。赖，依靠、凭藉的意思。全句意思是说天子行孝，天下百姓都赖其善。

译文

孔子说："（天子）能够爱护自己的父母，也就不会对别人的父母产生厌恶之心；能够尊敬自己父母的人，也就不会对别人的父母怠慢。天子能够用敬爱之心尽力去侍奉父母，也就会用至高无上的道德去教化人民，他的行为将成为典范受到天下人民的敬仰。这就是天子的孝道啊！《尚书·甫刑》里说：'如果天子有孝行，那么一定会得到他的百姓的信赖和教养。'"

解读

自天子以至平民百姓，都应该克尽孝敬父母的责任。我们常说"天尊地卑"，并不含有天贵地贱的意思，而是一种"定位"，不牵涉到价值的估量。天地同等重要，缺一不可；只是位置不同，各有其不一样的功能。天子与百姓同样是人，所以我们说："尧何，人也；舜何，人也。"大家都是人，在人格上是平等的。然而天地生人，是要我

们做不一样的人，才能够分工合作，使人群社会产生最大的功能，在生生不息的代代相传中，提升人类的伦理道德。让我们从"人禽之辨"当中，认识各自的责任。然后在尽心尽力完成责任的过程中，不断修正自己的品德。这才是完美的人生，也是做人的真正价值。

　　既然天子和百姓同样是人，人格平等，为什么天子排在前面，而百姓排在后面呢？这是由于人类的聚集，呈现一种直立的喇叭形态。上面的口很大，所占的人口数量却很少；下面的嘴很小，但是所占的人口数量却非常多。真正居于高位的人并不多，而挤在低层的广大百姓为数最多。天子高高在上，表示所担负的责任非常重大。百姓群聚在一起，实际上眼睛都向上仰望，万人的目光，都集中在天子的身上。天下人民，都以天子的言行作为典范，同时也将自己的幸福，寄托在天子身上。这并不是"他主"，一切由天子定夺，而是合理的"自主"，由人民自己来决定要不要拥戴这样的天子，所以才有"民贵君轻"

的说法。自古以来，得人心者昌，便是最好的明证。

"一人有庆，兆民赖之"，这一人即为天子。由于明君也和一般平民百姓一样，是父母所生，所以孔子说："为天子的，敬爱自己的父母，就不敢不敬爱别人的父母；对自己的父母恭敬尽孝，对他人的父母也就不敢怠慢。天子高居上位，若能以身作则，以敬爱的心来侍奉自己的父母，他的品德就能够教化天下，作为四海之内的万民百姓共同仿效的楷模和典范。这样的天子，能够克尽孝道的责任，自然获得万民的衷心拥戴。有了值得庆贺的善行，所有平民百姓都可以放心地依赖他了。"

天子高居万民之上，主要是责任重大。要负起教民、养民、安民的责任，必须获得万民的支持，有足够的向心力，才能够完成这样重大的任务。《论语·颜渊篇》说："君子之德风，小人之德草，草上之风，必偃。"这正是天子以孝道教化天下百姓的最佳写照。天子好像是风，老百姓好比是草，风来吹草，草一定顺风而倒。

为什么亲爱自己父母的人，不至于厌恶一般的人？因为能够孝敬父母，就表示品德修养相当良好，具有这样的爱敬之心，自然容易由亲及疏，从自己的父母推展到其他的人。这样推展下去，便可以教化天下万民了。

"刑"字和"型"字相通。不需要说服，也不必训诫，更别说什么三令五申或者威胁利诱，自然产生强大而持久的"参考力"，使老百姓自动自发、心悦诚服地像草那样顺风而倒。这样的教化，才是仁道的天子。

清朝最后一位天子退位之后，中华民族不可能再恢复帝制，因此天子已经不复存在。但是，所有的炎黄子孙，血液当中都流着"独当一面"、"我说了算"的高度自主性。我们的文化基因当中，皇帝心态仍然十分浓厚。我们的各行各业，都出现很多"关起门来当皇帝"的主持人，甚至于各个角落，也都充满了"莫名的皇帝"，譬如"路霸"、"巷霸"、"行车霸"、"占地霸"、"勒人霸"等没有经过严格教养，却自认为是"皇帝"的人，实际上比往昔的天子更加可怕，而且防不胜防。

因此，《孝经》的天子章第二，迄今仍然可以适用。

事例

"回家叫一声妈妈，是一件很幸福的事。"这就是身为国家一级导演的翟俊杰先生，对孝道的诠释。现如今他已六十多岁，所以他分外珍惜与八十多岁老妈妈相聚的时光。

导演的工作，使他不能常守候在母亲的身边，恪尽孝道。为了能更多和母亲团聚，他想了一个两全其美的办法，把母亲接到拍戏的片场。母亲，成了他的第一观众。多少次深夜拍戏回来，看到已经像孩子般熟睡的母亲，翟导演感到无限温馨和甜蜜。小时候，多少个夜晚，母亲也是这样默默地守望着睡梦中的儿子。转眼间，儿子已经有了儿子，母亲却渐渐老去。这更提醒他人生苦短，行孝要及时。

最让人难以忘怀的是拍摄《冰糖葫芦》的那个炎热夏天，老妈妈担心儿子中暑，亲手熬了绿豆汤，晾凉了，装瓶后往肩上一拐，倒几趟公交车给儿子送去。妈妈给儿子扇着扇子，看儿子美美地喝着绿豆汤，此时母子间的浓浓亲情，用语言是无法表达的。翟导演说，再高级的饮料，也比不上妈妈熬的绿豆汤，它使人忘记了炎热，感受到母爱的清润和甘美。

长时间奔波在他乡，钢铁般的汉子也会思念妈妈。18岁参军那年妈妈给纳的布鞋，穿旧了，翟导演珍藏在身边，40年都舍不得丢下。他说：每当想妈妈的时候，就拿出来看一看，看过之后却更想家……这里面有母亲的气息，有慈母缝进去的密密牵挂。

妈妈也想儿子，又担心影响儿子的工作，就把对儿子思念写在日记里，儿子回来了，不用多讲话，看看日记，就知道了妈妈的心里话。几年下来，文化程度不高的妈妈，写下了厚厚的五大本20万字的日记。我们仿佛看到，灯光下，带着老花镜的妈妈，认认真真，一笔一画，写下的都是老母亲对儿子的嘱咐和时时的惦念。

有一幅照片，情景是这样的：儿子正带着老花镜，给幸福的妈妈剪脚趾甲。作为弟妹心目中最好的大哥，翟导演作出了最好的榜样。照顾妈妈，不能有丝毫的含糊。洗脚的水温既不能太冷也不能太热，而且还要边洗边加水，洗完以后记着给老妈妈修剪脚趾甲，因为母亲为儿女操劳了一辈子，现在年纪大了，关节硬了，弯不下腰。当看到有的弟弟妹妹觉得这很脏的时候，大哥就不客气地批评他们："父母什么时候嫌过我们脏？你小时候，难道不是父母一把屎一把尿地拉扯大？能够把父母给我们的十分，回报给父母一分，就是个孝子！"

回忆孩童时期，翟导演印象最深的是母亲在刺骨的冰水里，给一家人洗衣服。爷爷、奶奶、爸爸，还有六个没长大的孩子，妈妈整年整月地捶啊、洗啊，衣服、床单，晾满了整整一个院子。年复一年，妈妈洗过的衣服大概能装一火车皮了。母爱的伟大，就这样地被细化，每顿饭、每件衣、每杯水里，都看得见它。

每当看到妈妈那布满老茧的双手，儿子的眼泪都会忍不住夺眶而出。这双手，为了养活儿女，洗了多少件衣服，剁了多少菜，和了多少面，蒸了多少个馒头？做人，要懂得知恩报恩啊。孝，何必要做给别人看呢？孝本来是天经地义，是为人子应尽的本分啊。

翟导演的夫人也是一位军人，因为工作的需要，忍痛离开才哺乳三个月的女儿。而他们的儿子出生后仅仅两个月，就要离开妈妈的怀抱。看到痛苦而无奈的妻子，翟导演把最后的乳汁封存在三个小瓶子里，准备留作纪念。没想到，20年后，儿女长大成人了，原本洁白的乳汁，变成了血一般的红色。

女儿的婚期马上就要到的时候，翟导演对女儿说：你结婚，爸爸要送你一件礼物。女儿说，我什么都不缺。翟导演说：这件东西你一定要收下。说着，他就拿出了那个密封的小瓶。看着瓶子里血红色的液体，女儿刚开始不知道是什么，可是当爸爸告诉她，这是妈妈20年前的奶水时，女儿一下愣住了，她没有接过小瓶子，而是冲着这一小瓶奶水跪下，痛哭流涕。

这是妈妈的乳汁，妈妈用它把我们养大，原来，我们是喝着母亲的血长大的。世界上最珍贵的是什么？不是金银财宝，而是母亲的乳汁！这最最珍贵的纪念告诉我们：是父母的心血，养育我们长大。

最让翟导演感到欣慰的是，在上行下效的孝道中，儿女都身心健康地成长。当父亲给奶奶洗脚时，儿子小兴被奶奶那难以言表的幸福表情感动，决心把孝接过来，传下去。

翟导演曾说："亲情要发自内心，永远不要忘记母亲的养育之恩。我觉得所有人都应当永远记住父母的养育之恩，都永远在心里保存着这一种真诚的爱，这是多么好的事情。对我们影视创作人员来说，如果一个人是虚伪的，是不孝的，又怎么能够在银幕、屏幕上创作出来感人至深的艺术形象来？不可能！"是啊，人如果不孝，不仅演不出感人至深的艺术形象，也根本做不好自己本有的人的角色。

诸侯章

原　文

"在上不骄①，高而不危②；制节谨度③，满而不溢。高而不危，所以长守贵也④；满而不溢，所以长守富也。富贵不离

其身，然后能保其社稷⑤，而和其民人⑥。盖诸侯之孝也。《诗》
云⑦：'战战兢兢⑧，如临深渊⑨，如履薄冰⑩。'"

注解

①在上不骄：在上，诸侯贵为一国之君，故曰"在上"。
骄，自满，倨傲。唐玄宗注："无礼为骄。"

②危：危殆，危险。

③制节谨度：制节，指费用开支节约俭省。郑玄注："费用
约俭，谓之制节。"谨度，举止符合礼仪法度，不僭越。

④长守贵：长久地保住诸侯的位子。

⑤社稷：社，土神。稷，谷神。社稷合在一起，常用作国
家代称。

⑥和其民人：和，使动用法，使和睦。民人，即人民，
百姓。

⑦"《诗》云"句，见《诗经·小雅·小旻》。

⑧战战兢兢：战战，恐惧貌。兢兢，谨慎貌。

⑨如临深渊：如同靠近深渊，唯恐掉下去。临，靠近。

⑩如履薄冰：如同在很薄的冰上行走，意在谨慎戒惧。

译文

孔子说："诸侯身居高位而不骄傲，其位置尽管高高在上也
不会有倾覆的危险；节约俭省、慎行礼法制度，财富尽管充裕
丰盈也不会奢侈腐化。身居高位而没有倾覆的危险，这样就能

长久地保住自己的尊贵地位；财富充裕而不奢靡腐化，这样就能长久地守住自己的财富。能够保持富有和尊贵，然后才能保住家国的安稳，使自己的人民和睦相处。这就是诸侯的孝道。

《诗经·小雅·小旻》篇中说：'战战兢兢，就像靠近深水潭边恐怕坠落，就像行走在薄冰之上，害怕陷进去那样，小心谨慎地处事。'"

解读

从西周到春秋约六七百年间，尊称国君为天子。国君代表王室，可以分封诸侯，相当于现代各省的省长，或者各州的州长，代表天子在各自的领地为人民服务。

可惜到了春秋时期，诸侯不守本分，借口天子无道而各自订定制度、互相争伐。终于进入战国时代，天子名实俱亡。孟子于是放弃孔子原先倡导的"尊王"主张，周游列国而极力推展王道，希望有一位诸侯能够代替东周以统一华夏。他认为实践仁政是统一的最佳途径，指出"人皆有不忍人之心。先王有不忍人之心，斯有不忍人之政矣。以不忍人之心，行不忍人之政，治天下可运之掌上"。然而列国依然"争地以战，杀人盈野；争城以战，杀人盈城"，就算凶年饥岁、民不聊生，也不能暂时停息。

儒家的理想是"君仁莫不仁，君义莫不义，君正莫不正"。所以，仁者应该居于高位，而且要以孝道作为人民的典范。天子有天子以孝道教化的责任，诸侯也必须在这一方面，做出良好的示范。

诸侯的地位仅次于天子，可以说是"一人之下，万民之上"，居于直立喇叭的上位，已经高高在上了。依据物极必反的自然规律，在上位的人往往得意忘形而骄傲，以致居高而危，容易遭受来自四方八面的攻击；甚至于功高震主，引起天子的猜疑，产生不信任的疑虑。诸侯的爵位固然得来不易，要想长期保持，实在也十分困难。诸侯章一开始就提出"在上不骄"，才能"高而不危"的道理，希望诸侯能够节俭费用、遵守法度，务求"满而不溢，高而不危"。因为只有"满而不溢"，才能长期保持富裕；也唯有"高而不危"，才得以长期维持显贵。诸侯"富贵不离其身"，社稷的保有才能够长久。这样，与民众和睦相处，获得人民的拥戴，又可以安天子的心，应该是最合理的表现。

大自然的规律原本就是"满招损"，水太满了必然向外溢出；同时居上而骄也是人之常情，除非品德修养良好，否则很难避免。而"骄必败"，又是不易的规律。诸侯想要做到"在上不骄、制节有度"，必须心目中有天子，随时抱持"战战兢兢，如临深渊，如履薄冰"的心情，凡事谨慎，处处小心。而心中有天子，就要以心中有父母为基础，否则必然虚而不实、伪而失真，很容易为天子所识破。至于天子左右的人，说三道四而加以攻讦和破坏，更是难以避免。因为不孝敬父母而心目中有天子的诸侯，是经不起时间的考验，很快就会原形毕露，被人揭穿虚假面具的。

何况"保有社稷，和其民人"是诸侯应尽的责任，可以看成诸侯对祖先的孝道。倘若骄奢淫佚丢了城邦，辱及祖先使百姓受苦，那就是大不孝了。

孟子用"德"与"力"来区分"王"和"霸"，认为仁政必须以德服人。既然如此，就必须反对动用武力、反对战争。一直到宋代李觏，才明白指出，"王""霸"不过是名位的不同，并不是施政的本质有所差异。"王"是天子的称号，以安天下为其神圣任务；"霸"即诸侯的代号，以尊重天子、配合政策为宜。以动不动用武力、有没有发动战争来区分"王""霸"，并不符合实际的情况。因为我们不想战，而敌人未必厌战。尤其是现代，强国藉地球村的美名，签定很多看起来十分动人，实际上却在以强凌弱、以大欺小的条约；加以资源日愈短缺，分配愈来愈不均匀，各种区域性的大小战争恐怕很难避免。治国"以道不以力、尚德不尚武"固然是至理名言，有时基于"定于一"的需要，非动用兵力不可，也以合理为宜。

事 例

在许世友的一生当中，占有绝对重要位置的一个是毛泽东，一个是他的母亲。"活着尽忠，忠于毛主席；死了尽孝，替老母守坟。"这便是他常挂在嘴边的一句话。

许世友的母亲许李氏，是一位老实、善良的山区劳动妇女。1905 年 2 月 28 日，许李氏生下了她的三伢仔许仕友（红军长征后，毛泽东为他改名为许世友）。就是这个三伢仔，由于吃不饱，穿不暖，更别提营养了，那小胳膊小腿瘦得简直如同柴火秆。直到两岁多了，连站都站不稳。时逢连年灾荒，一家九口，缺衣少食。许世友的父亲许存仁在万般无奈的情况下，准备以两斗稻谷把三伢仔卖给人贩子，许李氏不顾一切地扑了过去死活不放手，三伢仔最终没被卖掉。

许世友的父亲在他很小的时候就去世了，使得支撑门户和抚育子女的重担全部落在了他母亲的肩上。在童年许世友的心目中，母亲是世界上最伟大、最了不起的人。许世友以后那倔强、果断、勤俭、自立的个性，大都得益于母亲以身示范的启蒙。

许世友 8 岁那年，为了吃上一口饭，活上一条命，母亲把他交给了一个慈眉善目的少林高手，让他到嵩山少林寺打杂学艺。就要分手了，母亲从手上脱下那堪称家中唯一财产的她当年的陪嫁品——一副银镯子，交给她的三伢仔，叮嘱道："今后有娘的这副镯子在你身边，你就不会想娘了。记着，好好用功学艺。"

到了少林寺之后，老方丈告诫他："家有家法，寺有寺规。入寺要受戒，受戒就要削发为僧，灭七情，绝六欲，不认爹娘……"许世友一昕就急了，忙道："师父，俺来学艺练武就是为了俺娘，往后养娘。你要是不让俺认娘那俺就不学了，俺这就回家去。"老方丈道："念你对母一片孝心，又是远道而来，就在这里做个杂役吧！"

自此以后，许世友开始了少林寺的杂役生活。8年后，16岁的许世友艺成返家。母亲见昔日的三伢仔长高了，也壮实了许多，她那飘着缕缕白发的脸庞上，流露出幸福的微笑。

许世友从少林寺归家后没多长时间，恶霸少爷李满仓无故寻衅闹事，殴打大哥，污辱母亲，许世友非常愤怒，仅两拳就打得那小子去阎王爷那报到了。许世友知道自己闯下了大祸，决定离家出走。临走前，他从内衣口袋中掏出8年辛苦换来的20块大洋，双手敬给母亲。可是，当他在追赶的狗吠声慌慌忙忙中跑出村外时，却发现他给母亲的20块大洋又回到了自己的小包袱中……后来，许世友当上了农民敢死队的队长，上木兰山打游击去了。还乡团举着屠刀回来了，母亲带着儿女们东躲西藏，吃尽了苦头。在大别山的一片野林里，许世友背着大刀找到了母亲，"扑通"一声跪下："娘，孩儿不孝，俺参加革命连累您了。""傻孩子，别说这些。共产党好，共产党报了咱家的世代深仇。你参加革命，娘心里高兴。"

红四方面军要西征了，刚办完婚事的许世友接到了去往前线的命令。许世友又跪在母亲面前说："娘，部队要走了，今夜就出发，你让俺去吗？"母亲先是吃了一惊，继而缓缓说道："娘不拦你，你去吧！"这次一别就是十多年，直到1948年初秋的一天，许世友的母亲才从当地党组织负责人那里得到她的三伢仔的消息："世友同志没有牺牲，他现在担任解放军山东军区司令员，正率部辗转于山东大地……"

不久，远在济南的许世友收到了母亲捎来的书信，还有布鞋、鞋垫等物，他那思念母亲的感情像闸门一下打开了。一星期后，许母便被儿子派人接到了泉城。

对于儿子的孝敬，母亲当然感到十分高兴。可是，过了一星期，母亲就住不下去了。她不习惯这里的生活。儿子理解妈妈，更敬重妈妈。他愿意满足妈妈的一切愿望。于是，许母又回到了大别山下那个小村子。

1957年冬，南京军区司令员许世友回到了阔别已久的家乡。这是许世友在新中国成立后第一次回乡，也是他一生中最后一次与母亲相见。

那一天下午5时左右，许世友刚跨进家门就轻轻地喊了一声："娘。"

许母一听到这再熟悉不过的声音，连忙放下手中的活儿，惊喜地打量着这个突然出现在眼前的儿子，喃喃地说："噢，真是我那三伢仔呀。"许世友紧紧地搂扶着年迈慈祥的母亲，双眼闪动着不易轻弹的游子泪。

离别的时候，许世友用他那双厚实有力的大手，拉着母亲久久地说不出一句话。还是母亲先开口了："孩子，你放心地去吧。"

许世友含着泪水安慰母亲："娘，您放心，俺还会回来看望您老人家的。"说完，他举起右手向母亲庄重地行了一个军礼。不想这一别，竟成了母子俩的最后一别。

1985 年 10 月 22 日，一代名将许世友在南京逝世。10 月 26 日下午，受党中央领导同志委托，王震将军向许世友将军的遗体沉痛告别，并转达了中央对许世友后事的处理意见：许世友同志是一位具有特殊性格、特殊贡献的特殊人物。许世友同志土葬，是毛泽东主席生前同意的，邓小平同志签发的，这是特殊中的特殊。

共和国两代伟人，满足了许世友将军死后完尸土葬，伴母长眠的要求。在父母合葬墓东北面约 50 米的地方，耸立着许世友将军的陵墓，墓碑上仅有简单的 7 个字："许世友同志之墓。"

许世友终于又回到了母亲的身边。

卿大夫章

非先王之法服不敢服[1]，非先王之法言不敢道，非先王之德行不敢行。是故非法不言，非道不行，口无择言②，身无择行。言满天下无口过，行满天下无怨恶。三者备矣，然后能守其宗庙。盖卿大夫之孝也。《诗》云："夙夜匪懈，以事一人③。"

注解

①法服：先王制定礼服五等，即天子之服、诸侯之服、卿之服、大夫之服、士之服。五等礼服的主要区别在于衣裳上面所装饰的章数（花纹图案的多少）不同。卿大夫只能穿卿大夫之服，既不得僭上，也不得逼下。

②择言：旧注解作选择之言，非是。今按：择言，即"殬言"。择，通"殬"。殬，败也，不合礼法也。

③《诗》云二句：见《诗经·大雅·烝民》。匪：通"非"。

译文

孔子说："作为卿大夫，不是符合先王礼法规定的衣服就不敢穿，不是符合先王礼法的言论就不敢说，不是符合先王礼法的行为就不敢做。所以不合礼法的话不说，不合礼法的道不行，那就会口无失礼之言，身无失礼之行。话说得再多也挑不出什么毛病，事做得再多也不会招致怨恶。只有在穿衣、说话、做事这三方面都做得无懈可击，然后才能使自己的宗庙永远有人祭祀。这就是卿大夫之孝的内容。《诗经》上说：'早早晚晚都不敢懈怠，全心全意地事奉天子。'"

推行仁政必须依靠圣君，只要圣君以身作则，必能"其身正，而天下归之"。但是圣君实在难得！由尧舜至于汤，有五百多年之久；从汤到周文王、再由文王到孔子，也都相距五百多年，可以证明圣君之不易求。因此，我们又希望贤臣的辅助。只要"贤者在位，能者在职"，政治便能清明，人民就能幸福。但是用人的权操在君王手中，人主未必知贤，而贤人居高位之后，也可能因权力使人腐化，而变成不贤也不能。于是圣君和贤臣必须兼顾并重，才能彼此配合，真正为人民服务。

圣君不多见，显得贤臣更加重要。诸侯虽然名为人臣，实际上大多是天子的家族，其身份较为特殊。于是设置官制，以九卿、二十七大夫，来为天子治理国家事务。他们的官职很高，仅次于诸侯。诸侯也比照办理，设置卿和大夫。但是这一章所说的卿大夫，专指天子的朝臣，因而显得特别尊贵和庄重。

为人处事，动机固然十分重要，但是动机看不见，不容易觉察，所以表现出来的行为态度，就成为大家用以辨识、判断的主要依据。卿大夫的衣服、言语和行事三件容易辨识和判断的现象，于是成为大家关注的项目。

一个人会穿着什么样的衣服，当然和这个人的价值观密切相关。身为卿大夫，最合适的选择必然是先王所规定的衣着。

因为当朝的君王是先王的亲人，对于先王的规定应该十分认同。穿着什么样的衣物，眼睛很容易辨识，把它当做首要的法则合情合理，当然要慎重才好。

开口说话，由于言为心声，充分显露出内心看不见的那一份心意，也就是泄露了自己的动机。有些人一开口便得罪很多人，职位不高，大家并不注意，倒也无所谓。卿大夫职位这么高，影响这么大，往往一不小心就祸从口出，一开口便成为烈士，那才悔恨莫及、难以补救。说一些先王所制定的法度言语，应该更加稳妥，所以不敢乱说，只敢说妥当的话，便成为卿大夫明哲保身的不二法则。

最具有直接关系的，当然是行为的表现。每一个人都可能有不一样的行事风格，但是在天子身边，应当提高"伴君如伴虎"的警惕性。既不能平庸、犹豫、招来民怨，尤其不能功高震主，自寻灾难。在这种"两难"的情况下，依据先王所制定的道德标准，来规范自己的行为态度，当然是最佳的抉择。

服饰、言语、行为三方面都合乎规范，就得以保住自己的宗庙。现代称为祖宗的祠堂，就是祭祀自家祖先的地方。古代规定，卿大夫三庙，士二庙，庶人一庙。官职愈高，宗庙愈多，也是光耀祖宗的一种象征。万一宗庙被毁，表示辱及祖先，当然是大不孝。因此，卿大夫从早到晚都不敢松懈怠慢，以尽心尽力地侍奉天子。克尽自己的责任，辅助天子也能够妥善地发挥孝道的教化，以安百姓而达成"一人有庆，兆民赖之"的美好效果。

有一个民间故事，说的是孝子张嵩的事。

张嵩，陇西人，是个有名的孝子。在他八岁的时候，母亲得了重病，躺在床上不思饮食。有一天她忽然想要吃堇菜，张嵩听说，连忙跑到野地里去找。

当时正是冬天，野外是一片一片的枯草，一丝绿意也没有。张嵩把四处都找遍了，还是不见堇菜的踪影。于是他放声大哭："娘啊，您辛辛苦苦把我养大，我却不能报答您。现在您生病了，什么时候才能康复啊。上天如果怜悯我，就让堇菜生长出来吧。"

他哭啊哭，从早上一直哭到中午，天空都为之变了色，红红的太阳躲起来了，乌云越压越低，终于下了一场雨。雨过天晴，张嵩惊奇地发现有无数棵堇菜破土而出。

原来老天爷也被他的孝心所感动了。张嵩采了许多堇菜回家，母亲吃了堇菜后，便能下地行走，病也立刻好了。张嵩长大成人后，母亲生病去世了。张嵩家里十分富有，仆役成群，但做棺材、筑坟墓他一律自己动手，不肯让奴仆出力。送葬的时候也不肯让别人帮忙，有些与众不同。他们夫妻二人亲自把母亲的棺材背上车，然后张嵩让妻子在前面拉车，他自己则在后面推着，一同向坟地走去。

当时狂风暴雨大作，路上的淤泥可以淹过膝盖。但奇怪的是他们送葬所经过的路上却是干干净净，一点灰尘也没有。

张嵩把母亲安葬完毕，又哭了一场。此后他天天亲自为母亲培土修坟扫墓。天天一边做这些事一边哭，哭得头发也掉光了。就这样过了三年。

有一天，张嵩又伏在墓碑上哭。这时在坟墓的正北方向响起了隆隆的雷声，越传越近。伴随着雷声又有一道风云来到了张嵩身旁。风云像长出了双手，抱着他把他放在东边距坟八十步远的地方。然后一道闪电划破长空，像一把利剑直劈入坟冢，坟被劈成了两半，棺材露了出来。

张嵩非常惊骇，连滚带爬地到了棺材旁边，看见棺材上写着："张嵩的孝心通达于神明，神念你一片至诚的心，暂放你母亲回去，她还可以再活三十二年，你要好好地侍奉她。"

听说了这件事的人都啧啧称奇。都说从古至今，还没听说过这等事呢。最后连皇帝也知道了，大为感动，便拜张嵩为金城太守，后来又升迁为尚书左仆射。

士章①

原 文

资于事父以事母而爱同，资于事父以事君而敬同。故母取其爱，而君取其敬，兼之者，父也②。故以孝事君则忠，以敬事长则顺。忠顺不失，以事其上，然后能保其禄位而守其祭祀，盖士之孝也③。《诗》云："夙兴夜寐，无忝尔所生④。"

注解

①士：官名。古时诸侯设置上士、中士、下士之官，其位次于卿大夫。

②资于事父以事母而爱同，资于事父以事君而敬同。故母取其爱，而君取其敬，兼之者，父也：《广雅·释诂》"资，取也。"《孟子·公孙丑》："内则父子，外则君臣，人之大伦也。父子主恩，君臣主敬。"《礼记·表记》："今父之亲子也，亲贤而下无能；母之亲子也，贤则亲之，无能则怜之。母，亲而不尊；父，尊而不亲。"又《丧服四制》："资于事父以事君而敬同，贵贵尊尊，义之大者也。故为君亦斩衰三年，以义制者也。"又云："资于事父以事母而爱同。天无二日，士无二王，国无二君，家无二尊，以一治之也。故父在，为母齐衰期者，见无二尊也。"

③故以孝事君则忠，以敬事长则顺。忠顺不失，以事其上，然后能保其禄位而守其祭祀，盖士之孝也：长，指公卿大夫。《孟子·梁惠王》："入以事其父兄，出以事其长上。"《大学·释齐家治国》："孝者，所以事君也，悌者，所以事长也。"《中庸》

第十七章："舜其大孝也与！德为圣人，尊为天子，富有四海之内；宗庙飨之，子孙保之。故大德必得其位，必得其禄，必得其名，必得其寿。"《礼记·坊记》："孝以事君，弟以事长，示民不贰也。"《吕氏春秋·孝行览》："人臣孝，则事君忠。"禄位，古代称官吏的薪水为"禄"，位即职务。祭祀，古时备供品向祖先行礼，表示尊敬并祈求保佑。

④夙兴夜寐，无忝尔所生：《尔雅·释诂》："夙，早也。"又《释言》："兴，起也。"夙兴，指早起。夜寐，晚睡。无，不要。忝，羞辱。所生，即生身父母。

译 文

如何侍奉父亲就如何侍奉母亲，这种爱心是相同的，同样，如何侍奉父亲就如何侍奉君主，这种崇敬之心也是相同的。所以侍奉母亲用以爱心，侍奉君主用敬奉之意，这都是与侍奉父亲之心相关联的；但只有侍奉父亲才兼备爱、敬两心。所以又说用孝道去侍奉君主则见其忠心，用尊敬之道去侍奉长者则见其顺从。具备了忠心与顺从这两个方面，并用它去侍奉国君或上级，那么就能保住自己的俸禄与职位，也会使对祖先的祭祀得以维系。这才是士人的孝道。《诗经》上讲："要起早赶黑地去做事，不要辜负了生你养你的父亲和母亲！"

解 读

士就是现代所说的知识分子，但是我们比较喜欢用"读书人"来称呼，含有"明白道理"的企盼与期待。想不到教育普及、知识爆炸后，人们有了能够赚钱的知识，却十分不明白道理，实在是始料未及的不幸事实。

古代读书的机会不多，读书人占人口总比例很小。所以"学而优则仕"，读书人大多出任政府官吏。分为上士、中士、下士，都是初级官职的称呼，职位比卿大夫为低，属于中基层的工作人员。这里所说的士，是文士，并不是军队中的士官。士本来是喜欢学习、追求正道、明白道理的尊称，可惜变成"士大夫"之后，但知考试中举、做官显贵，简直成为中华民族的"腐败、诈骗集团"，实在对不起"读书人"这样的称呼。现代人更添加了一份"重人轻己"的自卑感，令人十分痛心。

资的意思，是凭借、依靠。在子女的心目中，父母应该同等重要。徒有父精或者只有母血，根本不能成人。以孝敬父亲的道理同样来孝敬母亲，对双亲的敬爱应该是相同的。由于父母在家庭中的表现并不一样，难免造成某些错觉，认为母亲比父亲慈爱，对子女更加有耐性，也给予更多生活上的助益。但是，父母双方都应该帮助子女进一步了解，父母有其分工，对家人的贡献其实是完全相等的。现代父母为了争取子女的喜爱而互相竞争，忙于讨好子女的结果，实际上对子女的伤害十分重大。子女的感情不论偏向双亲的哪一方，对家庭和谐及分工合作都有害而无利。至少会对于父严母慈、男女有别，产生不正确的观念。

亲生父母是生我、养我、教我的生养父母。长大以后在社会担任职务，长官或老板便是提供机会让我们工作，使我们得以衣食无虞的衣食父母。倘若被人领养，那就有了领养父母。我们把原先对亲生父母的孝敬，同样扩大到这些和生养父母具有相似或相近恩惠的人身上，这是明白道理、不忘根本的做法。当然，在爱心和敬意这两方面的比重，应该会出现不太相同的情况。通常侍奉母亲时，爱心会多过敬意，如此一来，有事情不便和父亲商讨时，至少可以向母亲倾诉。侍奉长官或老板时，敬意会多过爱心，因为长官或老板与自己毕竟没有血缘关系，不可能如同亲生父母那样，照顾得无微不至或关心得细微周到。

士的孝道，在把对亲生父母的敬意和爱心，转化为对长官或老板的忠诚和顺从。但是，我们修养的目的，在于提高自己的人格，以实现道德的要求。孔门的主张是仁义并重，也就是仁必须合义，才是合理的仁。顺从是美德，却也必须合义，表现出合理的顺从，而不是盲目的服从。《论语·宪问篇》记载："君子上达，小人下达。"同样是人，有上达的，先在小事细节上磨砺，逐渐向上提升而到达理想的境界；也有下达的，安于卑污的人格而不求上进。君子的顺，是顺乎天理；小人的顺，是奉迎、拍马，谄媚的盲从。动机完全不同，效果当然也不一样。

保住俸禄和职位，是手段而非目的；守其祭祀是礼的表达，也不是目的。真正的目的，是可以安心地孝敬父母、发扬家风。因此，问心无愧、对得起父母和祖先，才叫做务本。

顺从即无违，不违背礼的规范。长官或老板叫所属违法作为，当然可以不顺从。但是，态度必须恭敬，语气应该和缓，用词也要委婉。孝敬的基本修养，是随时随地都必须保持的。人生在世各有各的难处，家家有本难念的经，不应该得理而不饶人。

汉朝年间，山东琅琊郡东海县（今之临沂市郯城县）有个贤淑善良、孝义双全的女子，名叫周青。她对婆婆十分孝顺，对丈夫情深意笃，深受邻里称赞。

谁知婚后不久，丈夫不幸病故。周青强忍丧夫之痛，立志守节，侍奉年迈的婆婆。婆婆是个胸怀豁达、深明大义之人，不忍周青芳龄守寡，贻误终身，便苦口婆心地劝说周青改嫁。周青对婆婆说："丈夫去世，姑姐远嫁外地，家中唯剩婆媳相依为命，我应责无旁贷地侍奉婆婆终生。"从此以后，周青更加无微不至地孝敬婆婆。婆婆见对媳妇苦劝无效，便常对邻居叹道："孝夫事我勤苦，哀其亡子守寡。我老，久累丁壮，奈何？"后来，婆婆见媳妇决意守寡，为了不再拖累于她，便索性自缢身亡。

周青的姑姐是个极其自私狠毒的泼妇，弟弟刚死，她便存心想占其家产，碍于弟媳妇决不改嫁，成了绊脚石，遂对弟媳妇嫉恨在心。后见母亲自缢身亡，便诬为弟妇所害，一纸诉状把弟妇告上衙门。

东海县令是一个草菅人命的糊涂官，受案之后，竟然不查实情，便将周青拘禁衙门，酷刑逼供。周青终因受刑不得，屈打成招，落得个"蓄意改嫁，图谋家产，杀害婆婆"的罪名，被判斩刑。

当时衙中有一小吏，人称于公，秉性刚直。他深知周青孝敬婆婆十多年，芳名美誉远近传颂，岂有谋杀婆婆之理，此案分明错漏百出，便不顾职微言轻，竭力为周青鸣冤翻案，向县令苦谏、跪谏、哭谏。莫奈县令坚执己见，维持原判。于公眼见屈杀孝妇，回天无力，便仰天落泪，辞职而去。

周青被押上刑场之时，正值六月初六的午时，围观百姓无不为她同情落泪，鸣冤叫屈。

午时三刻已到，执行斩刑的刽子手举起鬼头大刀，一刀砍下，"咔嚓"一声，刀落头断，周青的脖子喷溅出一股白色的鲜血，（于今郯城县南面，有个村子，名叫"白血汪"，传说就是当年周青被斩杀的地方）。突然间，天昏地暗，阴风惨惨，怨雾重重，竟然降下一场铺天盖地的大雪。（后来，刑场附近便空前长出一种绿叶红花的小草，人们给它命名为"六月雪"）。

周青死后，人们把她埋在一个不起眼的小山丘。当地自此一连遭受三年奇旱，滴水未降，寸草难生，百姓困苦不堪。直到新县令上任，于公及许多知情邻里再次为周青翻案申冤，并对新县令痛陈三年奇旱乃因上一任县令屈杀孝妇而遭天谴。

新县令是位明智之士，受理百姓申诉之后，重新查实案情，为周青平反洗清罪名。后来，新县令与于公带领差吏们前往周青墓前祭奠，刚刚焚香跪下，天空即时雷电交加，降下大雨。

周青的墓冢直到清朝初年才得以扩大规模重建，旁边还立着康熙皇帝题写的碑文。

后来，我国元代著名的戏剧家关汉卿写了杂剧《窦娥冤》，其中六月飞雪、楚州地面苦旱三年的情节显然取材于这个故事。于是，东海孝妇周青的名声也就几乎被窦娥取代了。

庶人章

"用天之道，分地之利，谨身节用，以养父母。此庶人之孝也。故自天子至于庶人，孝无终始，而患不及者，未之有也①。"

注解

①孝无终始三句：旧注于此纠缠不清，今姑以己意译之。

译文

孔子说："根据春生、夏长、秋收、冬藏的天时规律，区别土地适合种什么庄稼就种什么庄稼；持身恭谨，节省开支，以供养父母。这就是所谓普通老百姓的孝。所以上自天子，下至老百姓，如果在履行孝道上有始无终，而又不遭受祸殃的，那是从来没有的事。"

解读

人类有所好，也有所恶。好恶是人之常情，不可避免。大概上阶层人士好名，而广大人民则大多好利。孔子在《论语·述而篇》说："饭疏食，饮水，曲肱而枕之，乐亦在其中矣。"表示他对自己的利，并不在意。然而孔子为政，坚持以富民为优先，而人民所最为关切的，必然是衣食。既然"政之急者莫大乎使民富"，便不能够不言利。《子罕篇》中所说的"子罕言利"，实际上是对自己的态度。至于大众，孔子必定不忘利，而务求使民富。

从事政治的人，不但不应该反对人民的欲求，反而应该顺应人民的欲求。人有上、中、下之分，仁义对上等智慧的人来说，可能有效；对中等或中等以下智慧的人而言，最好依循孔子所说"或利而行之，或勉强而行之"的方式。庶人的主旨，即在以天时、地利来诱导人民好好奉养父母，善尽孝道，并因此而养成很多良好的生活习惯。

子女奉养父母，原本是天经地义的事情。自从欧风东渐，个人主义在我们一知半解的情况下输入，造成现在很多扭曲而支离破碎的观念。竟然有人指称养儿防老是一种投资报酬的规则，完全置父母的慈爱与子女的孝心于度外！

西方从柏拉图（Plato，公元前 427 至前 347 年）以来，就不曾出现"孝"的德目。我们则在"新文化"大量输入之前，一直把"孝"当做最为重要的课目。个人主义是美国文化的一种特色，并不足以代表西方文化。美国社会流行的极端个人主义，实际上有正反两面。正的是个人的自由，而反的是个人的独立。但是，我们心中十分明白：人是独立不了的。婴儿初生下来，不能取食也不会穿衣，必须依赖父母的协助，才能够存活下来。从咿呀学语、由爬而坐，到站立、行走，无一不需要父母的帮忙。即使逐渐长大以后，仍然也要有父母的教养。我们并不是要求子女报答父母的恩情，因为"施恩不望报"、"受恩不忘报"才是我们华夏子孙的信念。父母教养、爱护、关心子女，是天生的情，称为亲情，并没有"今日给子女的，等他长大以后想要回来"的概念，和投资报酬完全扯不上关系。我们也期望子女领会：父母的生、养、教、育之恩，是一辈子也报答不完的。子女不过是尽心尽力，在善尽自己的孝心。奉养父母不过是最低限度的报答而已，实在谈不上报恩。由于自天子以至于庶人，都同样是人，所以自天子以至于庶人，实行孝道是没有区分的。正如《大学》所说："壹是皆以修身为本。"在孝的角度来看，应该"壹是皆以孝敬父母为本"。

事　例

汉朝时，有一位姓陈的孝妇，她的名字无人知晓，但她的故事却在民间广为流传。

陈孝妇品行贤淑，在她十六岁时，便听从父母之命出嫁了。她的丈夫是一位孝顺之人，家境贫寒，与母亲相依为命，对母亲十分孝敬。陈孝妇嫁过去后，夫妇二人不仅恩爱互敬，还共同孝养母亲，生活充满了温暖与和乐。

不料好景不长，婚后不久，边关烽火四起，军情紧急，朝廷大量征兵。丈夫也被征召入伍，即将远戍边关。临行时一家人悲伤难忍，丈夫强忍离别之泪，对妻子说："我今日一去，沙场茫茫，生死难料，万一一去不返，唯愿爱妻念夫妻情重，代我奉养年迈老母，这样，我在九泉之下也能安心瞑目了！"

陈孝妇看着丈夫那期盼却又不安的眼神，马上应诺："夫君请安心去吧，妾身定会生死不二，奉养婆母。"

母亲有了妻子的照顾，丈夫心上的石头也算落了地，便安心从军去了。从此，陈孝妇一方面尽心侍奉着婆婆，另一方面，也期盼着丈夫能早日回来，希望一家人再次团聚。

然而，天不遂人愿，数月后，边关传来噩耗，丈夫战死沙场。听到这个消息，整个家就像被乌云笼罩了一样，灰蒙蒙的，婆媳不由得都失声痛哭起来。

丈夫去世之后，陈氏仍然一如既往地纺纱织布获取家用，全心奉养婆婆，日夜辛劳。婆婆感到媳妇的一片至诚孝心，虽然失去了儿子，心里也有所安慰。对陈氏，她也像对待自己的亲生女儿一样关心照顾。

陈氏为丈夫守了三年丧，当丧期满后，她的婆婆心疼她这么年轻就要守寡，心中不忍，便想让她改嫁。

陈氏哭着回答道："媳妇听说，做人宁可为担负义而死去，不可因贪恋欲而生存。答应夫君之事，怎么可以不守信用，为人无信，怎能立足世间啊？我作为媳妇，侍奉公婆乃分内之事。

夫君不幸先死，不得尽他为人子的责任，如今再叫我离开，便没有人奉养婆婆。假使媳妇为人不孝不信又无义，那还有何颜面活在世间啊？"婆婆见她如此坚定，不由得痛哭起来，从此再也不说让她改嫁之类的话了。

此后，陈氏更是尽心竭力在家侍奉婆婆，早起晚睡，日日夜夜辛勤不断，坚持二十八年，一直到老人家八十四岁，寿终正寝。因为家中贫寒，陈氏为安葬婆婆，又将房产和田地都变卖了。此后，陈孝妇又终身奉守祭祀，完成了对丈夫的承诺，尽了她为人妻的责任。

三才章①

原文

曾子曰："甚哉②！孝之大也。"

子曰："夫孝，天之经也③，地之义也④，民之行也⑤。天地之经，而民是则之⑥。则天之明⑦，因地之利⑧，以顺天下⑨，是以其教不肃而成⑩，其政不严而治。

"先王见教之可以化民也⑪，是故先之以博爱，而民莫遗其亲⑫。陈之以德义，而民兴行⑬，先之以敬让，而民不争⑭。导之以礼乐，而民和睦⑮。示之以好恶，而民知禁⑯。"

《诗》云："赫赫师尹，民具尔瞻⑰。"

注解

①三才：指天、地、人。《正义》："天地谓之二仪，兼人谓之三才。"《易·说卦》："立天之道曰阴与阳，立地之道曰柔与刚，立人之道曰仁与义，兼三才而两之。"

②甚哉：甚，很，非常。哉，语气词，表示感叹。

③天之经：《白虎通·五经篇》："经，常也。"《汉书·五行志》："礼，王之大经也。"颜注："经，谓当法也。天之经，盖谓天下之常法。"《大戴礼·曾子·大孝》："夫孝，天下之大经也。"

④地之义：《淮南子·缪称训》："义者，比于人心而合于众适者也。"《吕览》曰："义也者，万事之纪也。言事事适合于众也。"故曰地之义也。

⑤民之行也：《尔雅·释诂》："行，道也。"《汉书·杜周传》："孝，人行之所先也。"民之行，意思是民所履之道。《左传·昭公二十五年》传云：子大叔见赵简子，简子曰："敢问何谓礼？"对曰："吉也闻诸先大夫子产曰：夫礼，天之经也，地之义也，民之行也；天地之经，而民实则之，则天之明，因地之性。"简子赞曰："甚哉！礼之大也。"

⑥天地之经，而民是则之：郑注："天有四时，地有高下。民居其间，当是而则之。"《尔雅·释诂》："则，法也。"则，动

词，效法。是则之，意思是把这作为法则。

⑦则天之明：《荀子·劝学》："天见其明。"杨注："明谓日月，盖日月流行，以定四时。"

⑧因地之利：《说文》："因，就也，以口以人。"因地之利，意思是就各地之利而利之。因，凭依。

⑨以顺天下：郑注："以，用也。用天四时地利，顺治天下，民皆乐之。"按，《管子》曰："顺民之经。"又曰："政之所兴，在顺民心。"又曰："下令于流水之原者，令顺民心也。"

⑩是以其教不肃而成：是以，因此；肃，严厉。这句话的意思是说教化虽然并不严厉，但却能收到显著的效果。

⑪先王见教之可以化民也：《白虎通·三教》："教者，何谓也？教者，效也。上为之，下效之。民有质朴，不教不成。"孟子曰："大而化之之谓圣。"又曰："夫君子所过者化。"又曰："有如时雨化之者。"赵岐注："化，教之渐渍沾洽也。"《荀子·不苟》："神则能化矣。"杨倞注："化，谓迁善也。"化，教行也。化民，变其本然之质而日迁于善，日进于德而不知。

⑫先之以博爱，而民莫遗其亲：韩愈云："博爱之谓仁。"《论语·学而》："泛爱众，而亲仁。"《礼记·大学》："尧舜率天下以仁，而民从之。"又《祭义》："而老穷不遗。"《释文》："遗，弃忘也。"民莫遗其亲，意思是说人民不弃其父母。

⑬陈之以德义，而民兴行：陈，施行，宣扬。《论语》："上好义，则民莫敢不服也。"《汉书·刘向传》："颜注，陈，施也。"陈之以德义，意思是说施之以德义也。

⑭先之以敬让，而民不争：郑注："若文王敬让于朝，虞芮推畔于野。上行之，则下效法之。"《礼记·乡饮酒义章》："先礼而后财，则民作敬让而不争矣。"又《聘义》："以圭璋聘，重礼之义也；已聘而还圭璋，此轻财而重礼也。诸侯相厉以轻财重礼，则民作让矣。"

⑮导之以礼乐，而民和睦：导，倡导。礼，规定社会行为的规范。乐，音乐。《论语·子路》："上好礼，则民莫敢不敬。"《礼记·文王世子》："凡三王教世子必以礼乐。乐，所以修内也；礼，所以修外也。礼乐交错于中，发形于外，是故其成也怿，恭敬而温文。"《礼记·乐记》："礼节民心，乐和民声，政以行之，刑以防之。礼乐刑政，四达而不悖，则王道备矣。"又云："故礼以道其志，乐以和其乐，政以一其行，刑以防其奸。"又云："乐至则无怨，礼至则不争。揖让而治天下者，礼乐之谓也。暴民不作，诸侯宾服。兵革不试，五刑不用，百姓无患，天子不怒，如此，则乐达矣。合父子之亲，明长幼之序，以敬四海之内，天子如此，则礼行矣。"又云"故乐行而伦清，耳目聪明，血气和平，移风易俗，天下皆宁。"又云："是故乐在宗庙之中，君臣上下同听之则莫不和敬；在族长乡里之中，长幼同听之则莫不和顺；在闺门之内，父子兄弟同听之则莫不和亲。"

⑯示之以好恶，而民知禁：好，美好的。恶，丑恶的。郑注："善者赏之，恶者罚之。民知禁，莫敢为非也。"《大学·释齐家治国》："其所令所其所好，而民不从。是故君子有诸己，而后求诸人；无诸己而后非诸人。"《礼记·乐记》："是故先王之制

43

礼乐也，非以极口腹耳目之欲也，将以教民平好恶而反人道之正也。"又云："礼义立，则贵贱等矣；乐文同，则上下和矣；好恶著，则贤不肖别矣；刑禁暴，爵举贤，则政均矣。"又《缁衣》："上人疑则百姓惑，下难知则君长劳。故君民者，彰好以示民俗，慎恶以御民之淫，则民不惑矣。"

⑰赫赫师尹，民具尔瞻：《礼记·大学》："节彼南山，惟石严严。赫赫师尹，民具尔瞻。"郑注："师尹，天子之大臣为政者也。"《诗笺》云："师，大师，周之三公也。师尹，即周之太师尹氏。故诗曰：'尹氏太师，为周之氐。'"《汉书·董仲舒传》："赫赫师尹。"颜师古注："赫赫，显盛也。"《尔雅·释诂》："瞻，礼也。"

译文

孔子的话讲完了，曾子感慨颇深，说道"孝道多么博大精深啊，真是太伟大了！"

孔子说："孝道，如日月星辰在上天更迭运行，并有其一定规律，也像大地江河流水不竭一样有其适度法则。在人类身上一切品行中孝道才是最根本的啊！当然也是人们应该遵守的最高准则，更是人类共同信守的道德规范。苍天和大地有自己的运行规律并始终遵循，人们也从其严格的法则中领悟到了自己最高品行，也按照天地之法一样遵循它。好好地效法天下那日月星辰永恒不变的律动吧！也好好地去把握大地四季生息的转换规律吧！把这些都认识清楚了，也就很容易把天下治理得井井有条。

"其实，教化百姓的道理也完全一样，想获得成功没有必要用那些严厉的手段。对百姓的管理也是一样，同样无须严刑峻法也可以治理得井井有条。先前的圣贤明君正是领悟到了通过教育便可以感化民众，所以以博爱为中心，身体力行，以身作则，有了如此的感化，民众没有一个会遗弃自己的双亲了。然后徐徐向他们进述道德、礼义，人们也懂了，并且主动地去按道德、礼义行事，这些先贤们还亲自带头，尊敬别人，在他人面前表现出谦让之态，于是，争斗的现象就不会在民众中出现了；先圣们还制定了礼仪之度与和谐音乐，用之引导、教化民众，自然，人们就学会了相处和睦亲近；其实，只要你向人们引导和宣传什么是好的，什么是丑的，人们是能够区别开来，禁令和法规也就不会去触犯了。"

《诗经》上曾说得好："太师尹氏威严而显赫！你的行为，人们都在仰望都在效法！"

解读

三才是《易经》带给我们的观念，把眼睛所能观看的范围，分别称为上天和下地，而把天地之间的动植矿物合并起来，以人为总代表，来凸显"人为万物之灵"的特殊地位。这并不是"人类沙文主义"的自我抬高身价，却实实在在加重了人类的责任。因为天地赋予人类的，除了动植矿物的本能之外，还有可贵的"创造性"和"自主性"。同时，为了避免人类过分轻举妄动、欲罢不能、得意忘形，这才加上适度的"局限性"。寄人类以厚望，企能顶天立地、赞天地之化育，襄助天地逐步完善而成为人间天堂。

孝道是天经地义的法则，但是，如果没有人的配合和诚心诚意的实践，仍然不能发挥预期的效果。天代表天经，地即为地义，人呢？我们常常挂在嘴上的"行不行"，才是最为重要的展现，所以说，人要透过实际的行为来履践孝道，称为"人行"。然而，我们今天只有行人，行走在人行道上。对于孝道，竟然愈来愈陌生，几乎不知道还有它的存在。人类忘本到这样地步，难怪天灾人祸不断，竟还有人指称这种论说简直是迷信！尽管有人大声疾呼，要赶紧"回归原点"（Back to Basic），却不明白原点到底在哪里。但知末世、末法，却不知道所指为何，实在是愚昧至极，令人忧心。末世、末法，依《易经》三才之道的说法，基本上就是三才之道当中的人道，已经偏离到难以挽回的地步，也就是说仁义的道德修养，已败坏到了极点。而回归原点，即是尽快把孝道恢复过来，由孝道而孝治，来自我拯救。要不然，凭什么说 21 世纪是中国人的世纪呢？

整部《易经》就在告诉我们：功名利禄由天定，人所能完全掌握的，不过是提升道德修养，凭福分来证明自己这一生的定数而已。孔子说："时也，命也。"时指在自己生命有限的时间内，必须全心全力于生活当中提升道德修养；命则是先天带来的命令，称为天命。"尽人事"指善用时间做一些正事，"听天命"便是不管结果如何，已经有天定的数，无论好坏，都应该乐于接受。人类的创造性，必须合乎天理，顺应自然规律，对人类及万物都有好处。自主性的意思，是指人类对任何事情，都没有百分之百的把握，因为多多少少总有一些难以预料，也不容易避免的风险性。所以人类做任何事情，似乎应该摸摸良心，画出一个可为、可行的安全范围，同时还需要客观、冷静地评估其可能衍生的后遗症，并且事先尽量设法预防，以免好心反而做了坏事。

孝道的实际效应，孔子已经说得十分清楚。但是，人类的愚昧却是宁可相信没有那么简单，因而喜欢钻牛角尖，自认为这样才显得既有学问又具有专业精神。两千多年的宝贵时光流逝了，孔子的至理名言，仍然一代一代地流传下来，却愈来愈没有人真正相信而付诸实践。

事 例

士之孝最主要的表现形式就是孝敬父母亲，"不及黄泉无相见"这一典故说的就是春秋时期郑庄公孝敬母亲的故事。

要想将这个孝的故事说清，首先得将郑国的历史简单地回顾一下。郑国的中心在今天的河南，属于姬姓，也就是与周朝同姓。郑最早立国是在公元前806年，而我们这里要讲的这个故事大约发生在公元前22年，离郑立国已经有了八十多年的时间了。郑国的第一个君王是郑桓公，第二个君王是郑武公，这个郑武公娶了申侯（西周末年在今天陕西和山西之间的一个叫做西申国的国君）的女儿做夫人，名叫武姜。武姜为郑武公生了两个儿子，武姜在生第一个儿子的时候难产，吃尽了苦头，就给他取了个名字"寤生"，"寤"是"逆"的意思，从这个名字就知道武姜很不喜欢这个难产的儿子。后来武姜又生了第二个儿子，叫叔段，由于生叔段的时候是顺产，武姜就非常喜欢这个小儿子。

公元前744年，也就是郑武公在位的第二十七个年头，他要立储君，夫人武姜想让自己喜欢的二儿子叔段做储君，显然，根据长子继承的法则，这是不可能的。最后，郑武公当然是根据立长的规矩，立了寤生做储君。同年，郑武公因病去世，寤生即位，这就是郑国的第三个君王郑庄公。

寤生做了庄公后，母子之间的关系不但没有改善，反而越来越紧张了。武姜替次子叔段求情，叫庄公将这个弟弟封在地势险要的制。这个制可不是一般的地方，它就是虎牢，是兵家必争之地，要是将制地封给了叔段的话，那就意味着将郑国的命脉交给了叔段，庄公当即就拒绝了。武姜又向庄公施压，叫他将京这个地方封给弟弟，京这个地方在今郑州的西南不远处，在郑国的都城新郑西北，面积要比国都大，最后，庄公无奈地同意了。

叔段得到了这块宝地之后，经过二十多年的发展，果然以此为后盾，在母亲武姜的协助下，发动了兵变。庄公将这位弟弟打败，将他驱逐到了郑国的北部共（今天的河南辉县）。庄公对自己的母亲协助弟弟谋反一事非常不满，就不再让母亲待在京城，而是将母亲迁徙到郑国都城南部的城颍，并发下了誓言说："不至黄泉，不相见也。"然而，郑庄公说了这话之后又有些后悔，但作为一国之君又不便反悔。这时庄公手下的大臣颖叔考听说这事后，就给庄公出了个主意，既然发的誓言是在黄泉之下才能见到母亲，那就在地下挖一个地道，母子在地道中相见，这样既没有违背自己的誓言，又能见到自己的母亲。于是，郑庄公就按照颖叔考说的办法做了，与母亲在地道中相见。母子相见非常愉快，和好如初。庄公为此还写了诗说："大隧之中，其乐也融融！"他的母亲也赋诗一首说："大隧之外，其乐也浅浅"。

孝治章①

原 文

子曰："昔者明王之以孝治天下也，不敢遗小国之臣，而况于公侯伯子男乎？故得万国之欢心，以事其先王。治国者不敢侮于鳏寡②，而况于士民乎？故得百姓之欢心，以事其先君。治家者不敢失于臣妾，而况于妻子乎？故得人之欢心，以事其亲。夫然，故生则亲安之，祭则鬼享之。是以天下和平，灾害不生，祸乱不作。故明王之以孝治天下也如此。《诗》云：'有觉德行，四国顺之③。'"

注解

①孝治章：因为本章的中心内容是讲明王以孝治理天下，故以"孝治"命名。

②鳏寡：老年丧妻曰鳏，老年丧夫曰寡。引申为孤弱者之称。

③《诗》云二句：见《诗经·大雅·抑》。觉：通"梏"，高大正直。四国：四方诸侯之国。

译文

孔子说："从前，明王在以孝来治理天下的时候，对于小国的臣子尚且以礼相待，更何况对于公侯伯子男这五等诸侯呢？所以能够

得到万国国君的欢心，使他们修其职贡，前来助祭。作为国君，对于鳏寡尚且不敢欺侮，更何况对于广大的士民呢？所以能够得到全国百姓的欢心，使他们前来帮助祭祀先君。作为卿大夫，对于卑贱的奴婢尚且不敢失礼，更何况对于自己的妻子儿女呢？所以能够得到全家上上下下的欢心，使他们都来帮助奉养双亲。因为能够做到这一步，所以，父母在活着的时候能够得到舒心的供养，死后作为鬼神能够得到按时的祭祀。也正是由于这种原因，所以天下和平，既没有自然灾害发生，也没

有人为的祸乱发生。由此可以看出，明王以孝来治理天下，其效果是如此之好。《诗经》上说：'天子德行正又直，万国顺从庆升平。'"

解读

当年庄子生于周室衰微的时代，中央集权逐渐趋向于地方分权。百家争鸣都在说明片面的道理，却不约而同地认为自己所说的，才是唯一整全的学说。这种情况，如果放眼看现代，岂不是比庄周时代更加混乱而莫衷一是？我们用"多元化"来美化"混杂化"，并且视为理所当然，这才是现代人类自作自受的无奈。今人作茧自缚，似乎比古人要厉害得多，而且缚得牢牢的，一副无助的模样。

难怪庄子要感叹："后世的学者，不幸不能见到天地的纯美、古人的全体，道术将要为天下人所割裂！"现代人所看到的，果然是支离破碎，天天高喊整合却丝毫不见效果。我们自古以来，便知道《易经》的观点："宇宙在空间和时间上，都具有其无限性。品物的种类，无穷尽而且多样化。一切事物，无不处于永恒的无穷变化之中。"现代人相信专业，任意割裂其中一部分，便用以概括宇宙完整的系统，当然偏窄而不周全。但是，近四百年来，西方文化主导的结果，使得现代人只相信科学，并不知道还有道学。只知道法律和契约，却不相信道德真的具有感化的作用。

事情发展到这种地步，我们难道毫无办法，只能够坐以待毙吗？其实不然。我们一旦明白西方人做学问是一步一步摸索着前进，称为尝试错误法，就不难理解他们之所以主张"吾爱吾师，吾更爱真理"。我们做学问的方式，刚好相反。古圣先贤一下子把宇宙人生的奥秘完全参透，才"一画开天"完整地把它呈现出来。唯有这样，我们才有资格要求大家"畏天命，畏大人，畏圣人之言"。现代人只要以敬畏的心情，来畏圣人之言，那么，我们有了敬畏的态度，就已经获得了相当的福气。《易经》第五十一卦为震卦，说的是继续扬业的道理。我们今天要振兴中华文化，最好看看震卦的象辞："震来虩虩，恐致福也。"虩虩是恐惧得有如履虎尾那样的情状。能畏天之威，便能受天之祐。畏大人，才能自反自律，而畏圣人言，才能敬重经典。以看得起的恭敬慎重态度，抱持正本清源的心情，将经典长期以来遭受错乱、扭曲、误解的部分调整过来，务求与时俱进，而非食古不化。将《孝经》现代化，却不是忍心丢弃，也不是盲目向洋人看齐。真正地"持经达变"，找出现代可行而又不致离经叛道的途径，实事求是地畏圣人之言。

提倡读《孝经》，当然不是要恢复从前，因为那是行不通、做不到，而且没有必要的。然而，孝敬父母已经成为中华儿女最珍贵的文化基因，我们不能不赋予现代的生命，克尽继旧开新的责任。先从自身做起，发挥诚心感化的作用。再对孝治章用心领悟一番，不难对"天下太平、灾害不生、祸乱不作"寄以厚望，同时对"有觉德行，四国顺之"有更深一层的触动。不知不觉中，便与圣人更加心灵互通了。

事 例

陆续是东汉初期会稽吴人，也就是今天苏州一带的人。他的传在《后汉书》独行列传中，生卒不详。陆续的祖父陆闳在东汉初年光武帝刘秀时做过尚书令，不过，东汉时期的尚书令只是个小官，不像后来唐朝的尚书令那样是宰相。

陆续在年幼的时候就死了父亲，后来做上了会稽郡的户曹吏，这是地方上的小官，掌管地方上的户籍、祭祀和农桑等事。当时会稽的太守是尹兴，会稽闹灾荒，尹兴就叫陆续负责赈济饥民，陆续竟然能够将自己赈济过的六百多个饥民的名字一一报给太守尹兴听，让尹兴感到颇为惊奇。由于陆续办事效率和责任心强，扬州刺史看上了陆续，将陆续辟为别驾从事。不过，陆续在这个位置上只做了一段时间，就因身体原因又回到了会稽郡做事。

然而，就在东汉第二个皇帝明帝在位时，一起皇族内部的谋反将陆续这个地方小官吏卷入了一场牢狱之灾。中国历史上皇族中第一个推崇佛教的人就是光武帝最小的儿子、当朝皇帝、汉明帝的弟弟楚王刘英。楚王刘英的封地在临淮，地方很小，不知因为什么，有人告他谋反，他最后被逼自杀。朝廷在清理楚王刘英的余党的时候，包括尹兴、陆续等五百多人，全部被押解到了当时的都城洛阳。大部分人在严刑拷打之下死于非命，只有陆续等少数几个人坚持了下来。

最牵挂陆续的当然是他的母亲，陆续的母亲不远万里从遥远的苏州赶到京城洛阳，想见一下儿子，监狱使者不让他们母子相见，甚至于陆续母亲到京城的消息，也不让陆续知道。陆续的母亲就只好在客栈做了些饭菜叫看门的狱卒送给陆续吃。陆续一见到饭菜就哭了起来，悲伤不已。使者觉得非常奇怪，就问陆续为何要这样。陆续说道："母来不得相见，故泣耳。"使者听后非常生气，以为是看门的狱卒将陆续母亲到京城的消息告诉了陆续，打算审问狱卒。陆续知道了使者的意思后就说，我喝了汤之后，知道是母亲做的汤菜，也就知道我的母亲到了京城，并不是狱卒告诉了我什么，我母亲切的肉，是方方正正的，切的葱也是长短一致的，所以，我一看到这饭菜，就知道是我母亲做的，也就知道我的母亲到了京城。使者当即就派人到客栈去核实此事，果然在客栈中找到了陆续的母亲，并知道了事情的原委。于是，这位使者就暗中夸奖陆续的为人，将这事上奏给了皇帝，明帝就赦免了陆续等人，但规定陆续以后不得出来做官。陆续后来年老病死在家乡。

古人以为，将肉、葱切得方方正正的，这是礼制在日常生活中的体现，说明陆续的母亲在平日里教导陆续做人要懂得尊敬。陆续能够尝一下饭菜，就知道这饭菜出自母亲之手，对着母亲做的饭菜哭泣，也是敬亲的表现。

圣治章

原文

曾子曰："敢问圣人之德①，无以加于孝乎②？"

子曰："天地之性人为贵③，人之行莫大于孝，孝莫大于严父④，严父莫大于配天，则周公其人也⑤。昔者周公郊祀⑥后稷⑦以配天，宗祀文王于明堂以配上帝⑧。是以四海之内，各以其职来祭。夫圣人之德，又何以加于孝乎⑨？故亲生之膝下，以养父母日严⑩。圣人因严以教敬，因亲以教爱⑪。圣人之教，不肃而成，其政不严而治⑫。其所因者，本也⑬。父子之道，天性也，君臣之义也。父母生之，续莫大焉⑭。君亲临之，厚莫重焉⑮。

"故不爱其亲而爱他人者，谓之悖德⑯；不敬其亲而敬他人者，谓之悖礼⑰。以顺则逆，民无则焉⑱。不在于善，而皆在于凶德⑲，虽得之，君子不贵也⑳。

"君子则不然㉑，言思可道㉒，行思可乐㉓，德义可尊，作事可法㉔，容止可观㉕，进退可度㉖，以临其民㉗。是以其民畏而爱之，则而象之㉘，故能成其德教，而行其政令。"《诗》云："淑人君子，其仪不忒㉙。"

注 解

①敢：与人对语自言冒昧，表敬副词。可译为大胆地，冒昧地。

②无以加于孝乎：没有比孝道更好的吗？《吕氏春秋·离俗》："有可以加矣。"《长利篇》："不可以加矣。"高注："加，上也。"

③天地之性人为贵：天地间有生命之物，最为贵重的是

人。《尚书》："惟天地万物父母，惟人万物之灵。"《淮南子·精神训》："天下之所养性也。"又《主术训》："近者安其性。"高注："性，生也。"《礼记·礼运》："故人者，其天地之德，阴阳之交，鬼神之会，五行之秀气也。"又云："故人者，天地之心也，五行之端也，食味别声被色而生者也。"又云："天之所生，地之所养，无人为大。"

④人之行莫大于孝，孝莫大于严父：莫，没有什么。严，尊敬。按古代说法，万物始于天，人伦始于父。所以对父，应像对天一样尊敬。《后汉书·江革传》："夫孝者，百行之冠，众善之始也。"《汉书·杜周传》："孝，人行所先也。"《大戴礼·曾子·大孝》："夫孝，置之而塞于天地，溥之而横乎四海，施诸后世而无朝夕，推而放诸东海而准，推而放诸西海而准，推而放诸南海而准，推而放诸北海而准。"郑注："孝，德之本也。"《孟子·万章》："孝子之至，莫大乎尊亲，尊亲之至，莫大乎以天下养。为天子父，尊之至也，以天下养，养之至也。"

⑤严父莫大于配天，则周公其人也：配天，指祭天而以先祖配之也。《诗·周颂·思文》："思文后稷，克配彼天。"陈奂《诗毛氏传疏》："凡禘、郊、祖、宗四者，皆天子配天之祭。"贺长龄曰："严父配天，是敬之极，即孝之极。虽畎亩之中，有事父如事天，则有严父配天意象，不必帝王备礼，始能尊其父也。"郑注："尊严其父，配食天者，周公为之。故此独举周公一人者，以当代言之耳。周公名旦，文王之子，武王之弟也。"

⑥郊祀：古代祭祀天地在郊外。《汉书·郊祀志》："故郊祀社

稷，所从来尚矣。"又："成帝即位，丞相御史奏曰：帝王之事，莫大于承天；承天之序，莫大于郊祀。"

⑦后稷：周朝的始祖。传说当尧之时，其母姜嫄践踏了巨人之足迹而有妊娠，生子以为不吉祥，弃之在隘巷，牛马不践踏他；取置冰上，飞鸟用翅膀护着他；于是又将他抱回来，取名曰之弃。等他长大成人后，尧使居稷官，封于邰，号曰后稷。子孙历代任其官，十五传而至周武王，遂有天下。

⑧宗祀文王于明堂以配上帝：《礼记·乐记》："祀乎明堂，而民知孝。"按，明堂亦称清庙。《清庙》诗序云："祀文王也。"《礼记·明堂位》："昔者周公朝诸侯于明堂之位，天子负斧依南乡而立。……明堂也者，明诸侯之尊卑也。"明堂为专祀文王处，故云宗祀上帝、天帝。

⑨何以：以何，凭什么。

⑩故亲生之膝下，以养父母日严：膝下，指人幼年时常依于父母膝旁，此处指孩提时代。《孟子·尽心》："人之所不学而能者，其良能也；所不虑而知者，其良知也。孩提之童，无不知爱其亲者；及其长也，无不知敬其兄也。亲亲，仁也；敬长，义也。无他，达之天下也。"《礼记·曲礼》："幼子常视无诳，童不衣裘裳。立必正方，不倾听。长者与之提携，则两手奉长者

之手。负剑辟叩诏之，则掩口而对。"《礼记·祭义》："君子生则敬养。"又曰："君子反古复始，不忘其所由生也，是以致其敬，发其情，竭力从事，以报其亲，而不敢弗尽也。"

⑪圣人因严以教敬，因亲以教爱：司马光曰："严亲者，因心自然；恭敬者，约之以礼。"唐玄宗曰："圣人因其亲严之心，敦以爱敬之教，故出以就傅，趋而过庭，以教敬也；抑搔养痛，悬念筐枕，以教爱也。盖爱敬二字，为孝治之本。故先王以此设教，而使万民皆相爱敬也。"

⑫圣人之教，不肃而成。其政不严而治：唐玄宗曰："圣人顺群心以行爱敬，制礼则以施政教，亦不待严肃而成理也。"此句的意思是圣人的教化虽然并不严厉但却很有成效，圣人的政令虽然并不苛刻但却能使天下太平。

⑬其所因者，本也：本，这里指的是孝道，因其为孝道的根本。司马光曰："本，天性也。"又郑注："本者，孝也。"《论语·学而》："君子教本，本立而道生。孝悌也者，其为人之本与！"《中庸》："惟天下至诚，为能经纶天下之大经，立天下之大本，知天地之化育。"《曾子·本孝》："忠者，其孝之本与！"

⑭父母生之，续莫大焉：续，传宗接代。焉，代词，这。《尔雅·释诂》："续，继也。"《淮南子·修务训》："教顺施续。"注："续，犹传也。"《易·家人象》："家人，有严君焉，父母之谓也。"这句的意思是父母生养我们，我们又生子传孙，没有比传宗接代更重要的了。

⑮君亲临之，厚莫重焉：意思是君王对臣，好比严父对子

女，没有比这更厚重的恩惠。

⑯悖德：悖，违背。悖德，即违背道德。

⑰悖礼：违背礼仪。

⑱以顺则逆，民无则焉：一作"以顺为逆，民无则焉"、"以顺，民则；逆，民无则焉"、"以顺而逆，民无则焉"。则，法则，榜样。

⑲凶德：一种丑恶的品德。古语中将盗、贼、奸视为"凶德"，孝、敬、忠、信为"吉德"。

⑳虽得之，君子不贵也：虽，即使。贵，重视。

㉑君子则不然：不然，不是这样的。然，如此。

㉒言思可道：郑注："言中诗书，故可传道也。"这句的意思是君子所说的每一句话都要考虑是否能得到别人的称道。

㉓行思可乐：郑注："动中规矩，故可乐也。"《中庸》第三十一章："惟天下至圣，为能聪明睿知。见而民莫不敬，言而民莫不信，行而民莫不说。"《曾子·立事》："身言之后人扬之，身行之后人秉之。"又云："人信其言，从之以行；人信其行，从之以复。"这句话的意思是君子所做的每一件事都要考虑到能否使人感到喜悦。

㉔作事可法：唐玄宗曰："制作事业，动得物宜，则可法也。"这句话的意思是君子所建立的事业要使人能够效法。

㉕容止可观：容止，容貌和举止。这句话的意思是君子的容貌和举止要使人能够仰望。

㉖进退有度：度，法也。郑注："难进而尽忠，易退而补

过。进退均有所宜，故有度也。"《论语·泰伯》："君子所贵乎道者三：动容貌，斯远暴慢矣；正颜色，斯可信矣；出辞气，斯远鄙倍矣。"《中庸》："礼仪三百，威仪三千，待其人而后行。"《诗·大雅》："敬慎威仪，惟民之则。"这句话的意思是君子的一进一退都能经得起人们的推敲。

㉗以临其民：临，统治。这句话的意思是用这样的办法来统治他的臣民。

㉘是以其民畏而爱之，则而象之：象，模仿，效法。《左传》："有威而可畏谓之威，有仪而可象谓之仪。君有君之威仪，其臣畏而爱之，则而象之。"又云："故君子在位可畏，施舍可爱，进退可度，周旋可则，容止可观，作事可法，德行可象，声气可乐，动作有文，言语有章，以临其民，谓之有威仪也。"这句话的意思是因此他的百姓既敬畏他，又拥戴他，并处处效法他模仿他。

㉙淑人君子，其仪不忒：淑人，有德行的人，淑，善良。《诗·燕燕》："终温且惠，淑慎其身。"郑注："淑，善也。"仪，是说人的规矩礼貌。忒，差也。《易·象上传》："观天之道，而四时不忒。"这句话的意思是善良的君子，他的威仪礼节不会有差错。

译 文

曾子说："老师，请您允许我冒昧地再提一个问题，圣人的德行又是什么呢？在所有德行之中，难道就没有其他德行比孝道更为重要的了吗？"

孔子说："人类是天地万物中最为尊贵的。而作为人，他最高的品行便是孝道，没有任何其他东西可以逾越它。作为人，侍奉敬重好父亲就是奉行了孝道，是最大的事业。而尊敬侍奉父亲最关键的就莫过于在祭祀祖先时以父祖为配祀了。这种祭祀以父祖来配祀，最早大约是从周公开始奉行的。据说，从前周公在郊野祭祀天帝时，便以周代的始祖后稷作为天帝的配祀一块祭奉；又在宗族祭祀中，把父亲的灵位安放在明堂中上帝的边上一块祭祀。当时，所有诸侯国都仿效这种作法，恪尽其职去参加对先祖的祭祀，协助周公对文王的祭祀。圣贤明君之德，还有比孝道之举更重要的德行么？所以说，子女对父母的爱敬之心，自年幼绕膝之时便产生了，等到日渐长大成人，爱敬父母之心也随之增加，慢慢也就懂得了对父母的尊敬。圣贤明君就以子女对父母所固有的爱敬天性为基础进行引导，使他们知道孝敬父母亲是应该的事情；又以子女亲近自己父母的天性为基础，教导他们必须爱敬自己的父母亲。其实圣贤明君要想治理好国家，根本不需要严厉的方法，也不需要残酷的手段。他们管理国家或社会之所以能毋须要粗暴手段就可以达到彬彬之治，所采用的不过就是因循了孝道这一根本天性而已！以孝道去引导、教育人们，其他一切自然而然便臻于理想之境。其实，父子关系，既是人类所固有的天生禀性的体现，也是君主与臣子之间的义理关系的体现。父母亲生下儿女，使儿女能得以传宗接代，这是人伦中最关键最重要的事情了；父亲既是父亲，其实又如君王一样，父亲兼具两者之义。因此，父和子的

61

关系之重大是没有任何其他关系可以相比的。父亲对子女付出了多么厚重的恩义啊！

"所以说一个人不能爱敬他自己的亲人，而去爱敬别的人，这种行为是违背常理的；同理，做儿子的不会爱敬他自己的父母亲而只会爱敬别的什么人，也就可斥之为违反普通情理。拿违反常礼的做法去要求民众，不但容易产生社会大乱，而且失去取法的常规的民众也会变得无所适从。假如不做善行反施恶道，不尊事亲长忘弃至爱，即使暂时得到什么，一般也会被有道德高行之士视为可弃之举。

"这样的事情是不会出现在真正的贤明高士身上的。他们的所思所说，都考虑到要为别人所奉行。他们所作所为，都考虑到要能为他人带来快乐。他们的道德、品行都是十分让人尊敬的，他们所做的一切，都是可为大众所效法的。人们对其外貌的装饰和形象的安排也无从挑剔。就连他们的一进一退，动静举止，都是无不自具法度。诸如此类，不胜枚举。总之，人们完全可以效法圣明贤士的所作所为，包括思维、行动、效果等。正是这些圣明贤士用这样的原则去管理国家，统治百姓，所以得到民众的敬畏、爱戴、效法。自然而然，圣贤君子的德治教化之业能得成就，他们所发布的法规、命令也能奉行、实现了。"这就如《诗经》上有两句所说的一样："善人君子，最讲礼貌，他的容貌举止，丝毫不会有错的。"

解 读

天地万物以人最为尊贵，所以称为万物之灵。人的品德当中，以孝道为至高无上，其实这也是做人的基本。孝道做得不够，其他的道德修养恐怕都会根基不稳固，而有所偏失。但是，奉行孝道最重要的为什么是敬重父亲，却不说父母并重？难道男女真的不平等吗？其实，这是男女有别，和平等与否根本扯不上任何关系。男女有别在这里指的是，母亲通常和子女比较亲近，而父亲则为了家计不得不外出工作。在幼小子女的心目中，母亲对自己的照顾比父亲多得多。如果母亲不能及时提高父亲的地位，很容易引起子女的重母轻父，因此造成父亲的不平，而扭曲了生活的常态。这种可能的状况，现代已经十分明显。古人的"男主外、女主内"主张，同样是基于男女有别而设定的。

更深一层的探讨，必须由《易经》的扶阳抑阴说起。阳为奇数，阴代表偶数。一至十之中，一、三、五、七、九为五个奇数，总和为二十五；二、四、六、八、十为五个偶数，总和为三十。可见天地的数，阳少阴多。所以古往今来，大多君子少而小人多，治世少而乱世多，快乐少而忧患多，天理少而人欲多。人类的责任，即在改变这种缺憾。圣人观察自然景象，领悟出"数不可变，而象可变"的道理。以人道的仁义，来参赞天地的化育。务求君子多而小人少，治世多而乱世少，快乐多而忧患少，天理多而人欲少。把人类的创造性和自主性，发挥到极致。

用仁义当做合乎天理的局限性，使文化朝向合理性而发展。

《易经》主张用九不用十，含有以五御十、化阴为阳、君子道长小人道消的深层用意。浅白地说，男人的力气十分之九花费在工作上面，女人的力量只消耗六分，以便治理家人，使男人无后顾之忧。全家老少，都能够享受家庭的温暖。难道这样的美意，也是重男轻女吗？

无可讳言，由于长年来一传再传，产生很多误解和扭曲，使得灵活、巧妙、可爱的中华文化，变得僵化、权谋和表里不一致，实在令人心痛，却又十分无奈。徒然辜负圣贤扶阳抑阴的深厚用意，唯有等待大家平心静气，将以五御十的执两用中，以及显仁（五）藏智（十）与进德修业的关系真正有所领悟以后，才能够敬畏圣人之言，安心地把孝道恢复起来。依仁义，扬天道，早日实现理想的地球村。孔子当年，早已定其名为"大同世界"。

人从父精母血而来。精为灵，表示父的精即灵魂之所寄；血为肉，表示母的血承载了父的精，而成为受精卵。有精灵、有血肉，经过怀胎十月，婴儿便脱胎而出。《易经》乾为天，坤为地，乾为阳，坤为阴。以父配天，如同天父；以母象地，有如地母。父精必须自强不息，才有机会进入母卵之中，构成受精卵；母卵应该厚德载物，只提供唯一的父精以孕育胎儿，是理想的载体，为精子所向往。《易经》所说的道理，和现代的生理卫生完全相同。把父祖等同于上天的尊严，用意在加重父祖的责任。扶阳抑阴，相当于尊重和保护妇女，结果却被曲解为重男轻女，真是不知从何讲起？

当然，重男轻女是真实存在的现象，难怪妇女在长期遭受压抑下要怨愤不平，一听到男女平等，无不表示热烈欢迎。但是，这并不是中华文化的本义，不能把责任推给古代圣贤。我们要振兴中华文化，就不应该长期这样误解，也不该到现代还要继续扭曲下去。似乎正本清源、恢复原有面目，才是合理的途径。这一次重读经典，最好慎重加以厘清，以免重蹈覆辙才好。我们不应该重男轻女，却必须正视男女有别。

亲爱父母是人的天性，圣贤明君顺着这样的人性，发展为可贵的孝道。并且以身作则，通过祭祀来昭告天下：孝道是以孝治国的基础，而孝治则是孝道的扩大运用。大家自然而然把父（母）和子（女）之间的血缘关系，转移到君（上司）与臣（部属）的义理关系。父亲对于子女，既是严君又是慈亲，具有双重的责任。子女不敬爱自己的双亲而去爱别人，就是有悖于道德，这不是十分简明易懂的道理吗？伦理是有差等的爱，并不是一视同仁的博爱，不知道有什么不对？孝道虽然重情，也必须重义；要有孝思，也需要孝智。期求不扭曲、误解孝的本意，而减低孝的价值，甚或引起众人的怀疑，而造成反对孝道的声浪。

事 例

江革，字次翁，是齐郡临淄（今山东省临淄市临淄区）人，生活在东汉末年。他从小就失去了父亲，与母亲相依为命。他知道母亲养育自己非常不容易，于是非常孝顺母亲，对母亲的照顾无微不至，尽量不让母亲遭受苦难。

当时汉室式微，群雄蜂起，烽火连天，盗贼横行，四海纷攘，老百姓的生活动荡不安，有很多人不得不背井离乡，四处流浪。生活在这样的年代，真是一种不幸！江革的家乡也发生了动乱，所以他不得不背着母亲颠沛流离，四处逃亡，想寻找一个能让他母子安稳过日子的地方。江革的母亲虽然年老体重较轻，但是，江革一直背在身上，风餐露宿，披星戴月，也非常辛劳。一段长路下来后，江革往往累得汗流浃背，腰酸腿痛。母亲看在眼里，疼在心里，坚持下来自己走，江革坚决不肯。他安慰母亲说："我背着您，就像回到了小时候那样，感觉到很温暖。"这并非是假话。他为自己能够侍奉母亲而充满喜悦，所以并不觉得劳累，似乎越走越有力气。

一路上，江革与母亲不知经历了多少艰难困苦，可是他都坚强地挺下来了。母亲口渴了，他马上到处去寻水，宁可自己唇干舌燥也要先给母亲喝；母亲饿了，他立即攀越悬崖高山去采些野果给母亲充饥，而自己宁肯只吃一点点；天色将晚，他想方设法找住处，先把母亲安顿好，让母亲踏实地安歇。在仓皇逃难的人群中，江革时时考虑的是母亲的冷暖温饱与安危，全然忘记了自己的饥饿和疲劳。

天灾可怕，人祸更可怕。在逃亡的路上，他们几次碰见成伙的盗贼，可是都被江革巧妙地应付过去了。有一次，他刚把母亲安置在一棵大树下休息，自己到附近采点野果给母亲充饥，不料又碰到了一伙强盗。这伙盗贼抓住他，里里外外地搜他的身，看有没有值钱的东西，可是等搜完身后，他们都傻眼了：这个穷小子除了穿在身上的破烂衣服，啥都没有！强盗头子火了，大喝道："真倒霉！既然没有银子，就别怪我不客气了，来人，把这个穷小子杀了吧！"

江革一听，忙跪在地上，泪水汪汪地哀求盗贼说："我的命本来就不值钱，我生不如死，死了总比活着少受一些罪。可是我放心不下的是，我还有一个可怜的老母亲要靠我供养，我死了，我的老母怎么办啊？"说着说着，他呜呜大哭。他又指了指不远处坐在树下的母亲，说："我要是死了，她也就活不下去了。你们这些大侠也许家里也会有老母亲，只是这个世道不太平，你们才会干这个的。请你们看在都有老母亲的份上，饶了我，让我好好地供养我的老母亲吧！"

盗贼们听了江革的话后，都沉默了。谁无老母？盗贼们在孝子面前，产生了恻隐之心，实在不忍杀他。是呀，谁不疼自己的亲人呢？他们本来都是一群老实巴交、踏实本分的农民，做强盗也是迫于无奈呀。那个盗贼头子长叹了一口气，说："娃儿！你说得也真对，我家里的确也有一个老母，我做盗贼就是为了能让她过些好日子，我不会杀一个孝子的，你走吧！还有，这一带乱兵乱贼特别多，你一定要走小路，小心保护好你的母亲吧！"江革连忙作揖说："谢谢你们，谢谢你们！"就这样，江革又安全地回到了母亲的身边。

江革一路上历尽艰辛，背着母亲辗转来到了江苏沛县，这时他更加穷困不堪了，身上的衣服破烂得连一块完整的布都没有，十只脚趾从鞋子前伸出来。他拿什么奉养母亲呢？他把母亲安顿好以后，就光着脚去给别人帮工，以换得一点食物来供养母亲；还给富裕人家当佣人，每天天没亮便开始担水、劈柴、烧火、做饭、牧马、放牛，不分昼夜地干活。尽管所得不多，但还是能用来购置物品。江革一分钱都舍不得花，攒起来给母亲添置各种物什，母亲所需的样样齐备了，把母亲照顾得好好的，没有一分钱用在自己的身上。

后来，江革和母亲回到了故乡，他一如既往地孝顺母亲，从没有改变。他竭尽孝道的行为传开了，乡里人都称他为"江巨孝"。朝廷知道了这一情况，认为他品行纯良，召他做官。他官至谏议大夫，仍然对母亲十分孝顺。

纪孝行章①

子曰："孝子之事亲也，居则致其敬②，养则致其乐，病则致其忧，丧则致其哀，祭则致其严③。五者备矣，然后能事亲。事亲者，居上不骄，为下不乱，在丑不争④。居上而骄则亡，为下而乱则刑，在丑而争则兵。三者不除，虽日用三牲之养⑤，犹为不孝也。"

注解

①纪孝行章：此章纪录孝子事奉父母的孝行，故以"纪孝行"为名。

②致：尽。

③严：指斋戒沐浴一类事情。实际上"严"也是敬。

④丑：通"俦"，指同辈。

⑤三牲：谓太牢。牛、羊、猪三牲具备，谓之太牢。在古代，太牢属于最高规格的食品。

译文

孔子说："孝子事奉父母，平时要尽量地尊敬他们，奉养时要尽量地使他们高兴，父母生病时孝子要整个身心地陷于忧虑，去世时要表现出最大的悲哀，祭祀时要表现出最大的严肃。这五条都做到了，然后才算是能够事奉父母。事奉父母的人，身居上位而不骄傲，身居下位而不捣乱，在同事中间不争强好胜。身居上位而骄傲，就会招致灭亡；身居下位而捣乱，就会招致受刑；在同事中间争强好胜，就会招致动武。如果以上三条不改掉，即令每天都用山珍海味来供养父母，也仍然是个不孝之子。"

解读

日常起居，对父母应该抱持尊崇的心意和态度。子女的内心敬不敬，可以从外表的行为态度看出来，所以要丝毫不苟且怠忽，并且保持和悦的颜色。西洋人讲爱，我们讲敬。爱是感情的，很容易变化；敬是理智的，比较容易持久。敬可以包括爱，反过来，爱不一定能包括敬。要维持家庭的长期和谐安乐，敬比爱来得可靠，也高明得多。

供养父母时，要想办法使父母感到快乐。人人都喜爱快乐，但是真正的快乐必须发自内心的喜悦。现代人搞错了方向，盲目追求外在的刺激，结果越追求感觉越迟钝，反而得不到快乐。要挑战人类的极限，就孝道而言，除了极少数负有特殊任务的人以外，最好适可而止。

父母生病，必须请可靠的医师诊治，并且日夜伺候，时刻尽其忧虑的孝心。但最好的方式，则是在未病之前便要察言观色，用心了解父母的生活状态，并与医师保持密切的联系，请其加以适当调理。因为预防重于治疗，在未病时就能细心调养，当然比发病时才着急为宜。不过，千万不要盲信广告或者未经证实的秘方，以免反受其害。

人的寿命，终究是有限的。父母仙逝时，应该尽力办理丧事。生前倘若有所交代，务必遵照办理，以慰在天之灵。如果没有交代，可与长辈商量，务求节哀尽孝，才叫做致哀。有人为了凸显财富，不但排场讲究，普邀达官贵人，而且大行法事，声音大得隔好几条街都听得到。甚至请五子哭墓代哭，最后还要有松弛心情的余兴节目，实在是不伦不类。对生者和亡魂来说，都是十分不利的事情。孝道的要旨，说起来非常简单，就是凡事以德为主。让亡者早日入土为安，治丧应该庄严简朴。有钱人若能捐出一笔葬丧费用充当公益，才是对亡灵最大的尊重，也最具实际的功效。

世俗认为，人死后要做七七四十九天的法事，这主要来自此说：人的魄借血气的灵生出来之后，需要七七四十九天而后全，因此推论死后也需要同等的时间而后灭。不同宗教，各有不一样的说法。我们认为，不能为了满足生者的安全感和虚荣感而增加亡者的业障和罪恶。

父母在世，我们为父母祈福的最好方式，便是"居则致其敬，养则致其乐，病则致其忧"，使父母对我们，除了生病以外没有什么好担心的，那才是好子女。父母亡故，子女不可能不怀念。我们为父母祭祀，一定要诚心诚意。因为人对鬼神是否尊敬，内心自然有所感通。祭祀的仪式，即在诱发我们培养虔诚敬慎的情怀。诚则灵，将自己的精神从幽冥不可知的地方拉回来，转而自己自律，端正自己的行为，这就是通鬼神，而不是向鬼神有所祈求。由于生命有限、资源有限、精力也有限，我们无法将父母对我们的期待完全实现。所以藉着祭祀自我反省，自己激励，务求再接再厉，持续朝着正道大步迈进。

戚继光，字元敬，号南塘，是明朝著名的抗倭将领。嘉靖七年，戚继光出生。父亲戚景通在老年喜得贵子，高兴不已，希望这个孩子能够继承祖业，成为有用的人才，于是为其取名为继光。

戚景通不仅严于律己，同样也严格要求戚继光，希望他将来能继承自己的事业。他经常教育戚继光：武将须有舍身报国的高尚气节，打起仗来应有身先士卒的勇猛精神。有一次，戚景通问儿子戚继光："你还记得宋朝岳飞那句名言吗？"

"文官不贪财，武官不怕死，天下就能太平。"

"对，你要终生记住这句话，认真读书，苦练武艺，才能为国立功，干一番大事业！"

嘉靖十七年，戚继光继承了父亲的爵位，官至四品。按照规定，受爵之后，戚继光要乘坐马车来返于私塾和家之间，不能再徒步去上学了。但是家里实在是太穷了，负担不起雇佣车马的费用，所以他被迫辍学了。但戚继光不忘父训，刻苦自学。有位先生被戚继光的刻苦精神所感动，自愿免费到他家中施教。在老师的悉心教诲下，戚继光的文武课程更加精熟。历史上英贤人物的光辉业绩，深深激励着年轻的戚继光。于是，在一个秉烛苦读的夜晚，戚继光挥笔写下了一首题为《韬铃深处》的五言律诗，抒发自己保家卫国的志向：

小筑渐高枕，忧时旧有盟。

呼樽来揖客，挥尘坐谈兵。

云护牙签满，星含宝剑横。

封侯非我意，但愿海波平。

几年后，戚继光成为一名文武双全的青年军官。这时，晚年的戚景通热心军事，终日埋头著作兵书，无心过问家事，又因早年为官时很是清廉，所以家境不是很富足。有人劝他晚年要多置办些田产以留给后代，戚景通听了后对戚继光说：

"你知道父亲为什么给你取名'继光'吗？"

"要孩儿继承戚家祖业，光耀门第。"

"孩子，我一生没有留给你多少产业，你不会感到遗憾吧？"

"父亲教我从小读书习武，还教我做一个品德高尚的人，这是您给孩儿的最宝贵的产业，孩儿从没想过贪图安逸和富贵，我只想早些让父亲看到孩儿像岳飞建'岳家军'一样，创立一支'戚家军'。"

戚景通听了心中十分宽慰，笑着对儿子说："我在军中为官多年，虽没立下什么奇功，却也恪守本分。多年来，我一直遗憾没能为国家彻底驱除外敌！将来你一定要替父完成心愿，报效国家啊！"

戚继光跪在地上，说："不管将来遇到什么艰难险阻，我也不会忘记父亲一生的志愿！"

不久，戚景通患重病去世。戚继光在父亲坟前痛哭道："继光一定继承您的遗志，为国尽忠，赴汤蹈火，在所不辞！"

明嘉靖二十三年，戚继光袭父职上任，为登州卫指挥佥事。嘉靖三十二年，戚继光任都指挥佥事，备倭山东。嘉靖三十四年，他又调任浙江都司佥事，负责抗倭。当时浙江倭患严重，而旧军素质不佳。戚继光招募农民和矿徒，组成了一支新军，纪律严明，赏罚必信，并配以精良战船和兵械，精心训练；戚继光还针对南方多湖泽的地形和倭寇作战的特点，审情度势，创造了攻防兼宜的"鸳鸯阵"战术，以十二人为一队，配以多种长短兵器，因融因地变换队形，灵活作战。这支"新军"在六年抗倭战役中威震中外，世人称为"戚家军"。

五刑章

原文

子曰："五刑之属三千①，而罪莫大于不孝②。要君者无上③，非圣人者无法④，非孝者无亲⑤，此大乱之道也⑥。"

注解

①五刑之属三千：五刑，古代五种轻重不同的刑罚，即墨、剕、劓、宫、大辟。墨者，鲸面。劓者，割鼻。剕者，刖足。宫者，男割势，下蚕室，女闭幽宫中。大辟者，斩首。

②而罪莫大于不孝：罪行没有比不孝更大的。唐玄宗曰："条有三千，而罪之大者，莫过于不孝。"《孟子·离娄》："世俗所谓不孝道者五：惰其四肢，不顾父母之养，一不孝也；博弈，好饮酒，不顾父母之养，二不孝也；好货财，私妻子，不顾父母之养，三不孝也；纵耳目之欲，以为父母戮，四不孝也；好勇斗狠，以危父母，五不孝也。"《曾子·大孝》："身者亲之遗体也，行亲之遗体，敢不敬乎？故居处不庄，非孝也；事君不忠，非孝也；莅官不敬，非孝也；朋友不信，非孝也；战阵无勇，非孝也。五者不遂，灾及乎身，敢不敬乎？"《尚书·大禹谟》："汝作士，明于五刑以弼五教。"又《皋陶谟》："天命有德，五服五章哉；天讨有罪，五刑五用哉！"《吕氏春秋·孝行览》：商书曰："刑三百，罪莫重于不孝。"

③要君者无上：要，要挟，胁迫。《论语·宪问》：子曰："臧武仲以防，求为后于鲁，虽曰不要君，吾不信也。"这句话的意思是用武力威胁君王的人在他的心目中就没有君王的存在。

④非圣人者无法：非，诽谤，诋毁。这句话的意思是用言语诋毁圣人的人在他的心目中就没有法理的存在。

⑤非孝者无亲：范祖禹云："人之善莫大于孝。故圣人制刑，

不孝，则不道先王之法言，而无法，于是乎敢非圣人。不孝，则不爱其亲而无亲，于是敢非孝。故曰此大乱之道也，明其当为莫大之罪也。"这句话的意思是不孝敬父母的人他心目中就没有父母的存在。

⑥大乱之道：大乱的根源。道，根源。

译文

孔子说："古代有五种刑法：墨指在脸上刺字并涂以墨色；劓指割掉鼻子；剕指砍断脚；宫指割掉男女生殖器，使其不能再有后代；大辟指处死。能够被处以这五种极刑的罪名可能有三千项，但在这三千项罪名中，没有什么罪比对父母的不孝还要大。以武力威胁君王的人心中根本就没有君王的存在，用言语来诋毁和反对圣贤明道是一种无视法规的作法，不守孝道的人就是不把父母当作自己的亲人。这些都是促成大乱的根源所在。"

解读

人有人情，喜怒哀惧爱恶欲，都是不学而能的人之常情。为人民服务，不论站在什么样的立场，实际上都离不开顺着人情的好恶来加以引导。现代所流行的市场导向，就是这种方式的实践。政府面对众人，必须用赏来"利而行之"，用刑来"勉强而行之"。所以为政之道，必须利用人情，并且以刑赏为手段，这是政治和教育最明显的差异。教育可以劝人为善、戒人为恶，政治却应该赏人为善、罚人为恶。

古代的刑罚轻重不等，看起来都比现代严苛，而且众多的刑罚项目中，以不孝的罪责最为重大，也是现代所不及的。古代用重刑来吓阻，使子女不敢不孝。现代人靠自觉，倘若能够自动自发地孝敬父母，反而更为珍贵。现代人重自觉固然是好事，但是中华儿女最要紧，应该是自觉为一个中华儿女。因为文化是自然孕育而成的，几千年来已经溶入我们的血液，成为我们的文化基因。大家对于中华文化，即使再不愿意也只能无奈地承受。这不是信仰，由不得自己抉择。儒家是中华文化的主流，也有其长久的历史渊源，不承认也不行。实际上，发扬中华文化、维护儒家的主流地位，不但是孝道的一部分，而且是大孝。

《论语·学而篇》记载："父在观其志，父没观其行。三年无改于父之道，可谓孝矣！"父母在世时，子女应该学习父母的正当志向，等到父母逝世以后，还应该保持父母所教导的正当行为。现代人不可能守丧三年，但是孔子对于孝敬父母的要求，迄今仍具体可行。中华文化在求新求变方面，有非常独特的主张，那就是"不可不变，不可乱变"，必须"以不变应万变"，也就是"坚持原则不可变，然后才来求变"，这就是我们常说的"持经达变"。可惜近百年来，大家受到西方文化的冲击，这一道关卡，似乎已经快被冲垮了。我们必须牢牢坚持住，否则经济再发展，物质生活再富裕，教育再普及，也是得不偿失的。

事　例

在成长的岁月里，她的心底，扎着一根刺，一根心刺。

在乡间，金黄的稻田一眼望过去无边无际的，沉甸甸的稻穗随着风声掀起阵阵波纹，少时的她没有见过大海，小小的瘦弱的身子站立在被镰刀割倒的稻子间，迎着炽热的骄阳，仰起遍布汗湿的脸颊，怔怔地想着：所谓大海不外如是了，只是，那是蓝色的，漫漫的、自由自在的蓝色，她梦里、梦外向往了一次又一次的蓝色。田垄里，传来母亲气急败坏的声音："发什么愣？没见到天快暗下来了吗？快点给我割！学习不好，干活也不给我利索些，看你以后怎么过活？"她回神，侧前方的田垄里，母亲手起镰刀落，又一沓的稻子倒下，而她已远远地被母亲抛在了身后。她咬咬牙，没有言语，蹲下身子，细弱的手臂随着镰刀的起落上下挥舞。心里却是别有洞天，或是默念课文，或是重新过滤一遍课堂上老师讲过的知识。是不应该有所怨恨的，因为，乡村的孩子，十一二岁已是半个劳动力，农闲时，喂猪喂鸭；农忙时，随着大人下地。

在乡村，即使是 1980 年代初，老祖宗遗传下来的重男轻女观念还是根深蒂固地存在着，如同村口枯井旁的老银杏树般扎地生根、盘根错节。于是，有了姐姐，有了她，然后，盼来了弟弟。接踵而来的超生罚款、爷爷重病医治及至去世后的隆重发丧，使得原本并不宽裕的家庭愈加的困苦、清贫。于是，父亲去了远方打工，寻求出路；于是，母亲成了田里地里家里的指挥官，而木讷、沉默的她，是母亲手下唯一的兵。因为，弟弟尚且年幼，因为比她年长一岁半的姐姐自小聪慧，在同龄人中脱颖而出的连跳两级。在昏暗的厅堂里，母亲说："你们姐妹俩，谁有能耐读好书，我就是砸锅卖铁也要供你们念书。"聪慧的姐姐让母亲看到了希望，所以，下定决心送姐姐去条件好的市区上学，姐姐所要做的除了学习还是学习。是不应该有所怨恨的，因为，她还能读书。但是，还是有着诸多的委屈在小小的心底一点一滴的积淀，沉默的至深处是一颗急欲长大远飞的心。

幼小的弟弟哭了，她急匆匆地放下作业本，还是慢了，弟弟的裤子一片尿湿。下地归来的母亲边为弟弟擦洗屁股边恨恨地说："一边去！一边去！看着就来气，笨手笨脚的，怎么就生了一个你出来？……"她默无声息地拿着弟弟的湿裤子蹲在河边清洗，洗着洗着，鼻子就微微的酸，酸得眼睛发呛，眼泪一滴一滴的悄无声息地没入河水里，却是波澜不惊。

她恨恨地想着，让你骂，让你骂，等我长大了，我一定会走得远远的，看你还能骂多久。铆足了一口气，如豆的灯火下，她赶着作业，作业本的封面她一笔一画地写着：寒门子弟，唯有奋斗。往往是深夜，夜深人静的时候，她合上书本，总会看见冒着热气的一碗溏心蛋。她想着，明天可以热一热，给弟弟当早饭，将溏心蛋放回橱柜里，草草地喝下一碗稀饭充饥。

还是考上了高中，不是很好的学校，但也不算差。有人劝母亲，三个孩子都上学，哪里供养得起？除非有金山银山。她站在晒谷场上，认真地翻晒谷子，心却是忐忑不安的。母亲不语，照旧带着她下田地干活，活儿干慢了，照旧是劈头盖脸的一顿骂。

其时，姐姐在省重点高中读高二，很少回来，往往是母亲隔一段时间寄钱过去。她偷偷地见过母亲写给姐姐的信，看到"好好学习，别饿了肚子，要吃饱穿暖。钱不够，家里寄……"少时的心涌起薄薄的苦、酸酸的涩，说不出、压不下，自始知道有一种滋味是嫉妒。也曾在黑夜的床上幼稚地想过，她是否是母亲抱养的？然后，自己摇头，在乡村，谁会抱养人家的女儿？又有谁会供人家的女儿念完小学与初中？想起那一碗从未尝过滋味的溏心蛋，她的心渐渐安定，在微微的暖意中睡去。

还是念了高中，一路下来，念到大学毕业。应了少时的愿望，在离家千里之外的都市，她努力地读书、努力地赚钱养活自己，很少回家。很多人说，从没见过她这般坚韧、能吃苦的女孩子。她笑，比起十一二岁的年龄，严冬里河岸上洗着衣裤，骄阳下割着稻麦，这又算得了什么？她有一本记事簿，清晰的记载着从初中开始读书所用的每一笔钱。

那一年，村边的枯井旁，她接过母亲给她的钱，即将去念高中，她说："我会还给你们的。"坚定的语气，执著的表情。

母亲大怒："还？你还得起吗你？生来就是赔钱货。快走快走，看着就心烦。"勃然大怒的语气，没有一丝温情的表情。

她攥紧手心里的纸币，沉默地转身向村外的世界走去，不曾回头。会还的，终有一天会加倍偿还的。

工作后，每一个月，她留下足够一个月的花销，也只是一两百块钱，其余的全部寄往老家，寄给母亲。生活还是一如既往的清苦，但是，她甘之如饴，因为自由。

读博士生的姐姐来看她，说："回去看看吧！爸爸妈妈都挺想你的。"她不语，只是笑，笑容里只有她感受出的苦涩与沧桑。想她？有什么好想的呢？她只是一株杂草，顽强地凭着一口气存活至今。

姐姐叹气，说："妹妹，妈妈一直都说，你心里憋着一股子的气，怨她的偏心，恨她对你的苛刻。所以，你去离家千里之外的地方念大学；所以，你很少回家；所以，你大把大把的钱往家里寄，就是要还清所用的学费……"

她依旧不语，这么多年了，明摆着的事实，说来又有何用。

"当年，你上高中的学费是妈妈去省城的医院献血凑齐的。"

她倏忽瞪大了眼睛，嗫嚅："不是的，不是的，爸爸不是寄钱回来了吗？"

姐姐摇头："爸爸寄来的钱，妈妈早已分了几份，一份给我做了生活费与学费，一份给弟弟交学费，余下的还得寄给外公外婆，他们就妈妈一个女儿，需要妈妈寄钱给他们养老。"

她涩着嗓子，笑，说："你的，弟弟的，外公外婆的……都是预备好的，都是在预想中的。我的，终究是意料之外的，终究是要让我心存愧疚的……"是的，终究是让她心存愧疚的，终究是如母亲所言，她是偿还不起的，再多的钱也是偿还不了的。

姐姐叹气，临走前说："没有爱，哪来的恨？"

她没有恨，只是委屈，只是心上有根刺。为了怕刺痛，所以学会以坚硬的外核去掩饰脆弱的内心。

终于还是决心要回家了，却在购买礼物的途中被车子撞上，一场不大不小的车祸，足够她在病床上躺上一两个月了。

母亲还是赶来了，坐在病床前，依然是一阵劈头盖脸的好骂："死丫头，要不是你姐姐告诉我们，你是不是就瞒着了？你怎么就不让人少省几个心啊你？生来就是让人生气的，还不如当初不养你……"

但是，按摩她腿部的动作却是轻柔的。她说："不碍事的，躺个把月就好了。"

母亲不信，问完护士，又问医生，一遍又一遍："我女儿的腿真的没问题吗？真的能和受伤前一模一样？"

她躺在病床上，静静地听着，心忽然间就热烘烘的。她想起了那些的深夜，那一碗热乎乎的塘心蛋，问道："妈妈，塘心蛋是什么滋味？"

母亲给她倒茶的手明显的一颤，随后淡淡地说："能有什么滋味？不就是一碗蛋茶吗？想吃了？赶明儿给你做一碗。"

"妈妈，你还气我吗？"

"气，怎么不气？自小就是一副不声不响的样子，人家都说，女儿是妈妈的贴心小棉袄。你呢？……"

"不是有姐姐吗？"及至今时今刻，她还是嫉妒的。她也只是一个孩子，一个渴望母爱，渴望温情的孩子。

母亲怔怔的，长长地叹一口气，幽幽地说："三个孩子，妈妈是亏欠你了。总以为，你学习不中用，总觉得干地里的活儿拿手，将来也不至于饿肚子。那时，家里的状况，总得有个人给妈妈做帮手。现在想来，那个时候，少了你，妈妈一个人也不会照应到家里家外的，你爸爸也不可能安心地在外面打工了。妈妈一忙起来，累了，就想撒脾气，身边也只有你，所以，你也没少受气……"

母女俩第一次有说有谈的，回味那些逝去的年岁，那些她曾不忍回味的少时。忽然间，她就明白了，如果没有母亲那时的"苛刻"，又怎么会有今日的她，稳定的工作、良好的学识修养、坚韧的个性。也许，穷其一生，她会是一个忙忙碌碌，奔走于田地间的普通农妇；或是一名工厂女工，没有学识，没有理想，只是碌碌无为地走过这一生。

回家修养一段时间后，她得回去上班了。走出村口老远，她回头，第一次回头，蓦然看见母亲站在高高的土堆上，向着她的方向张望。她想，也许，每一次她离家上学，母亲都曾如此遥遥的张望着她越走越远的身影，只是，她从不曾回头，也不肯回头。

再后来，她有了自己的孩子，她自始明白，不管母爱以何种形式呈现，或许精致，或许粗糙，它的本质终究只是无穷尽的、无私的爱。

广要道章①

　　子曰："教民亲爱，莫善于孝。教民礼顺，莫善于悌②。移风易俗，莫善于乐③。安上治民，莫善于礼④。礼者，敬而已矣。故敬其父，则子悦；敬其兄，则弟悦；敬其君，则臣悦；敬一人，而千万人悦。所敬者寡，而悦者众，此之谓要道也。"

　　①广要道章：在《开宗明义章》已经提到"先王有至德要道"，但没有对什么是"要道"进行展开说明，本章要完成这个任务，所以以"广要道"为名。

　　②悌：弟弟无条件顺从哥哥的一种道德。

　　③乐：古人所说的乐，包括音乐和舞蹈。

　　④礼：礼可以用来规定君臣、父子之别，明确男女、长幼之序，所以可以"安上治民"。

　　孔子说："教育百姓相亲相爱，最好的办法莫过于孝。教育百姓顺从君长，最好的办法莫过于悌。改变旧的、不良的社会风气和习惯，最好的办法莫过于乐。安定上边和治理下边，最好的办法莫过于礼。礼的根本问题，不过是个'敬'字罢了。所以，你尊敬人家的父亲，人家的儿子就觉得高兴；你尊敬人家的哥哥，人家的弟弟就觉得高兴；你尊敬人家的国君，人家的臣子就觉得高兴；尊敬一个人，就能使千万人觉得高兴。所敬的人很少，而觉得高兴的人却很多。因此，孝才被称作非常重要的道。"

解读

有一种说法："父要子死，子不敢不死。"完全没有根据，不知道从哪里蹦出来的，根本不合乎人性，也不符合自然规律。一笑置之，不需要加以理会。我们虚拟一下，很容易发现那是出于某一朝代，在某种特殊的情境下，出自某一位臣子的话："君要臣死，臣不敢不死。"当时情况危急，基于增强君王的信心，也激起自己的壮志，完全是非常时机的特殊用意。此乃纯属例外，不应该把它视为常态或当做例行事务处理，以免误导子孙产生不正当的观念，害人又害己。既然有这样的说法流传，我们更应该及时更正，让它到此为止。

所有伦理道德的出发点必然是善的，对每一个人都有好处，大家才乐于遵循。凡是片面要求、偏重一方的，应该都要重新加以检验。是不是误传了？还是以讹传讹、解释错误却广为宣扬？也可能是少数心有不善，故意加以曲解的小人，用以图谋自己的利益所编造出来的。所以，必须用心明辨，依据自然规律来判断，及时加以扬弃或改正。

对于伦理，定位不同，就要承担不一样的责任，但是也必须兼顾并重地照顾到每一个人，对大家都有助益才符合人性，也才可长可久。孝道当然也是如此。任何人敬爱父母，都会获得父母的喜爱和关心，因而得到更好的照顾，自己也因此而得到喜悦。同样的道理："敬兄则弟悦，敬君则臣悦。"单凭一个敬字，就可以产生这么良好的效果，所以我们常说："敬人者人恒敬之。"这是双向的，并不是单向的。孝和慈是互相感应的，没有不通的。我们前面说及"只有孝是单向的"，用意在加强子女的责任。因为子女永远在年龄方面赶不上父母，所以在各种经验都不如父母的情况下，必须一心一意地孝敬父母，才能逐步明了父母的处境和真正的用意。

儒家思想以修己为基础。凡事先反求诸己，不要老是怨天尤人。子女年幼时，不明白修己的道理，这时候，孝敬父母便成为修己的第一步。用孝敬父母来修己，获得父严母慈的教养，以奠定人生的坚实基础，当然最为有利。

事 例

林大钦（1512—1545 年），字敬夫，号东莆。广东省潮州府海阳县东莆都山兜村（今潮安县金石镇仙德村）人。

林大钦从小家境贫寒，却非常孝敬父母。天资聪敏的他，每门功课对答如流，在潮州一带称之为"神童"。他设法向藏书万卷的族伯借书学习，博览诸子百家经典著作，十二岁时的文章习作，竟与苏东坡的文章风格近似。当时，澄海县隆都陇美村的黄石庵先生曾到山兜村任教，见林大钦聪颖出众，又虚心好学，十分器重，便带林大钦回陇美村就读。

林大钦十六岁时，父亲去世，家境更为困苦。为谋生计，他到附近塾馆任教，并经常帮人抄书以补贴家用。成家之后，林大钦与妻子竭尽孝道，用心奉养母亲，深受邻里赞扬。

明朝嘉靖十年（1531年）秋，林大钦得中省试举人。

次年春，林大钦上京赴考，名列榜首，得中状元，深受嘉靖皇帝器重，授职为翰林院编修。

他刚任职于翰林院，就把母亲和恩师黄石庵接到京城奉养。恩师黄石庵也因此被皇帝钦赐为进士。为进一步报答师恩，林大钦请旨在陇美村建造"状元先生第"（至今宅第基本完好）。大门石匾上镌刻"黄氏家第"，并有"门人林大钦题"的落款，门联为"状元先生第，进士世范家"，均为林大钦手笔。

再说林大钦母亲到京不久，便因水土不服，一病不起。林大钦尽心尽力遍请名医为母诊治，却毫无起色。

嘉靖十二年（1533年），揭阳县进士翁万达（后官至兵部尚书）出任广西梧州知府，常与林大钦书信往来，林大钦曾在信中对翁万达说："老母卧病，侵寻已七八月，此情如何能言。今只待秋乞归山中，侍奉慈颜，以毕吾志尔。"在《与卢文溪编修》的信中说："老母体较弱，北地风高，不可复出矣，只待乞恩归养。"

是年秋后，林大钦终于以"老母病较弱，终岁药石"，奏请"乞恩侍养"，而被获准护送老母返回潮州。

林大钦初回归潮州时，没有安居之所，经常向人借宅暂居。后来为老母安享晚年而为母建造府第。然而，又恐"土木之华，豪杰所耻"，再加上能力有限，导致工程迟迟没有进展。

在此期间，朝廷多次召唤林大钦回朝复职，林大钦始终"视富贵如浮云，温饱非平生之志；以名教为乐地，庭闱实精魄之依"，而屡辞不就。母病数年之间，林大钦事母至孝，有明朝天启年间户部侍郎林熙春对其形容说："母安则视无形，听无声，纵寒暑不辞劳瘁；母病则仰呼天，俯呼地，即神鬼亦尔悲哀。"

1540年，林母病逝。林大钦悲痛至极，万念俱灰，由于哀伤过度，随后一病不起。至于母亲的府第也就视为废物，半途停建，落得个"府存墙而无堂屋，门存框槛而无扉"的凄凉景象。

而后数年之间，林大钦基本是在病榻度过。他哀母的情景，林熙春形容为："母死则骨立支床，吊人殒泪；母葬而跪行却盖，观者蹙眉。"他本人在《复翁东涯》信中也说："自失承欢，忧病漂泊。杜鹃之愁，日夜转深。望云兴悲，对鸟泪下。居则若有所望，出则侗然不知所往。"时之揭阳县进士，官拜行人司司长的薛侃和潮阳县进士、官拜户部主事的林大春皆为他所作传，都提到他在葬母归程中因悲伤过度咯血而病倒。

林大钦卧病期间仍十分关注当地民生，他不止一次地给潮州知府龚缇去信，不厌其烦地要龚知府顺时令，重民事，申孝悌，崇节义，省器用，恤孤寡，治沟渠，修传舍，清径路……

当时，蒙古俺答部侵略北部边境，战事连年未息。1544 年 2 月，翁万达由四川按察使调任都察院右副都御史，巡抚陕西，赴西北前线指挥战事。林大钦对此又担忧，又兴奋，特此去信表示慰问，并大谈用兵之道。可见其关心时政之心未泯。

1545 年农历八月十二日，林大钦病逝。

他的故事，也因他的遗著《东圃文集》等，一直在潮汕民间流传。

广至德章

原文

子曰："君子之教以孝也，非家至而日见之也①。教以孝，所以敬天下之为人父者也；教以悌，所以敬天下之为人兄者也；教以臣，所以敬天下之为人君者也。《诗》云：'恺悌君子！民之父母②。' 非至德，其孰能顺民如此其大者乎③？"

注解

①非家至而日见之也：家至，家家亲自都到。日见，每天都见面。郑注："言教非门到户至，而日见而语，但行孝于内，流化于外也。"又："天子父事三老，兄事五更。"《礼记·祭义》

89

"祀乎明堂，所以教诸侯之孝也。食三老五更于大学，所以教诸侯之悌也。祀先贤于西学，所以教诸侯之德也。耕籍，所以教诸侯之养也。朝觐，所以教诸侯之臣也。五者，天下之大教也。食三老五更于大学，天子袒而割牲；执酱而馈，执爵而酳，冕而总干，所以教诸侯之悌也。是故，乡里有齿，而老穷不遗。强不犯弱，众不暴寡，此由大学来者也。"

②恺悌君子，民之父母：恺悌，慈祥和悦的。《礼记》："子言之，君子之所谓仁者，其难乎！"《诗》云："恺悌君子，民之父母。恺以强教之，悌以悦安之。乐而无荒，有礼而亲，威庄而安，孝慈而敬。使民有父之尊，有母之亲。"

③非至德，其孰能顺民如此其大者乎：顺民，适合民心，顺应民意。意思是没有至高无上的德行，谁能有这样伟大的顺应民心的力量呢？

译文

孔子说："君子以孝道去教育、感化民众，并不是要天天挨家挨户地去给人们传授、讲解孝的义理和重要性，而是要用自身的孝行为民众们做出榜样，使其效仿、流传，从而使全天下做父亲的人都能得到尊敬。教人们友爱是通过自身对兄长的尊敬顺服从而使全天下做兄长的人都能得到尊敬。通过自身对国君的忠诚来感染其他的臣属，为的是使天下做国君的人都受到臣属们的尊敬。《诗经》上讲得好：'和乐平易的君子啊，你是人们的父母。'没有最好的品行道德，怎么能使天下的民众顺从它？孝道的作用，就是具有如此神奇伟大的功用啊！"

[解 读]

孔子倡导大同世界，由于当年没有互联网，所以无法广传而难以普及。现代有了互联网，大家也知道地球村势在必行，我们今天虽然有了好的工具，但忽略了好的实质材料，浪费了宝贵的时光，也耗掉了可贵的资源，反而弄得前途茫然，不知道何去何从，实在是人类莫大的悲哀！

通过大众传播的宣扬，倘若能够使天下的父母都得到子女的尊敬、天下的兄姊都能获得弟妹的敬爱、天下的领导者都能普遍赢得部属的敬重，那么，孝道、悌道和君臣之道便能大行于天下，并有助于家庭和睦、国家安宁以及天下太平。君子爱人，所以时时刻刻不忘道德。大众传播时，必须以孝道来教化人民，这是教化的根本，因为人一经感动，便会自然有所反应。顺着天下的至德来教化人民，实在是最有效的途径。

可惜现代的大众传播，还达不到这种教化的效果。为了所谓的收视率，把良好有效的工具都用错了。电视进入家庭，反而破坏了家教。电视用来教学，原本是为了增加视听效果，使学生更加喜欢学习，不料学生的注意力从书本上被引开之后，再也回不来了。殊不知没有书本，不能够反复阅读、思虑、补记、回忆、检讨、深入领悟，就根本没有办法把任何一门学问做好。电子书的功能，在很多地方比不上文字书籍。何况人人手中有计算机，他们究竟在做些什么，更值得我们密切观察和

深思熟虑，以免后患无穷。

"人之异于禽兽者几希"，这个"希"字，指的便是孝中的"敬"。现代人不知不觉中受到西方思潮的影响，视父母子女为"朋友"，根本就是精神上的"乱伦"。居然还以现代化自居，实在令人不胜唏嘘，其忘本到如此地步！

父母和子女的亲情，与朋友之间的友情当然有所不同。父母往往自然地把子女的身体看成自身的延伸。"父母唯其疾之忧"，父母因子女而劳累，心甘情愿地为子女而牺牲，哪里能仅限于朋友之情？朋友可以换新，父母一辈子只有这么一对，又怎么能够与朋友同等看待呢？

事例

明朝名臣史可法当年进京考试，住在寺庙里。古代很多读书人没有钱，考试期间都住在京城附近的寺庙里。有一位贤臣叫左忠毅公，刚好是此次主考官，他就把官服脱掉，穿着民众的衣服，到这一些寺庙里面去巡视，看一看有没有懂得忧国忧民出色的读书人来参加这次考试。刚好左公走到了一个寺庙里，看到一个年轻的考生写完一篇文章太累睡着了，案上放着刚写成的一篇文稿。左公拿起一读，非常赞赏他的志略和刻苦精神，再看书生衣衫单薄，熟寐不醒，心知苦读劳累。左公怕他感受风寒，便把自己的貂裘脱下来，盖在熟睡的史可法身上，出来问寺僧，方知书生名叫史可法，因此留下深刻印象。后来考试的时候看到一篇文章，感受到字里行间有一种气节，一种志向，马上就知道是他，所以就批了他为状元。史可法考上状元之后，按照礼节到左公家拜老师和师母。左公可怜他家贫困，收做弟子，留于馆署。此后，他愈加发奋苦学，饱受恩师濡染，立志以身报君效国。左公在公务之暇，常与他交谈时事，辩论古今，看出其宏大抱负和超凡才略，就对妻子说："他日继吾志事，唯此生耳。"这就是说，以后继承我事业的不是自己的孩子，而是我这个学生。古代圣贤读书人不怕自己没有后代，只怕圣贤学问断在他的手上，所以他更注意圣贤学问有没有传承的人。

后来左公、史可法同朝为官。明朝末年宦官当道，左公被陷害，关进监狱之后受很多酷刑，眼睛被烧红的铁片烫后都粘连上了，膝盖以下被切断。史可法知道老师在狱里会受到很多酷刑，十分焦急，通过各种关系，终于感动监狱里的士兵，他们就建议史可法装扮成捡垃圾的，进监狱去看望老师。史可法缓缓接近老师的监狱门口，当走到老师面前时，禁不住地抱着老师的腿放声大哭。左公听到声音是他的学生史可法，就用手把自己的眼睛抻开，目光如炬地看着史可法说："你是什么身份！你是国家栋梁，国家正是危难之际，你怎么可以把自己的生命陷在这么危险的境地！与其让那些乱臣把你害死，不如我现在就活活把你打死！"左公捡起地上的石头就往史可法身上扔。史可法看到老师这么生气，就马上离开监狱（所以爱护孩子，爱护学生，有时候还真的要现怒目金刚相，而此时他那一份存心是念着学生的安危，学生的成就）。后来，左公被害死了。

史可法担任过很多职务，还在边境带兵防守。每个晚上士兵分三批背靠背守夜，但他坚持一夜不休息，士兵建议他应该休息一会儿，结果史可法回答士兵说："假如我去睡觉，国家因为这时陷入危难中，我对不起老师，对不起国家。"史可法念念不忘老师的恩德和教诲，不敢有丝毫的松懈。每一次回故乡，首先到老师家里看望师母及其后代子孙过得是不是很好。

后来清兵入关打到江南时，史可法到江南重镇扬州督师。他把意志消沉的各路将领团结在一起，誓死坚守扬州城。清军统帅多铎五次派人去劝降，都被史可法严词拒绝。多铎恼羞成怒，下令用大炮轰城。在打退了清军的多次进攻后，明军终因敌众我寡，城池失守。史可法誓死与扬州城共存亡，最后壮烈牺牲于乱军之中。后来人们在城外梅花岭上为史可法建了个"衣冠冢"，永世纪念这位民族英雄。

这个故事让我们可以感受到：左公为国家忠心耿耿，不仅能够慧眼识才，还能保护国家的栋梁之才，以及史可法为报答老师的恩德和教诲而壮烈牺牲的壮举，让后人深深地感动，也给我们树立了很好的学习榜样。

广扬名章①

原　文

　　子曰："君子之事亲孝，故意可移于君；事兄悌，故顺可移于长；居家理，故治可移于官。是以行成于内，而名立于后世矣。"

注　解

　　①广扬名章：首章虽然言及"扬名"，但未阐发其义，此章将要阐发其义。故以"广扬名"为名。

译　文

　　孔子说："君子如果能够以孝事奉双亲，那么，把这种孝移过来事奉国君就是忠；君子如果能够以悌道事奉兄长，那么，把这种悌道移过来事奉官长就是顺从；君子如果能够把家庭治理得好，那么，把这种治家之道移过来也可以治理好官府。所以，具备了以上三种美德，美名也就流传到后世了。"

解　读

　　孝敬父母原本是家庭里的道德修养，扩大到社会上就成为忠。为了捍卫国家而战死沙场，称为"忠孝两全"。一方面不使父母遭受羞辱，做到了"弗辱"；另一方面使父母获得家教良好的美誉，则做到了"尊亲"。

但是，《论语·子路篇》记载："父为子隐，子为父隐，直在其中矣！"父亲偷羊，儿子不应该出面指证，反而应该为父亲隐瞒，才算是正直的人。因为揭发父亲的恶行，既有违于"弗辱"，更不利于"尊亲"。所以，在某些特殊情况下，忠孝难以两全。这时候的取舍标准，我们也经常挂在嘴巴上，那就是"大义灭亲"。父母倘若是汉奸，做出危害国家民族的恶行，子女无论如何都必须"移孝作忠"。因为往大处看、往长远想，阻止父母出卖国家民族，毕竟还是孝敬父母的表现。

虽然这样一来，势必导致全家坠入悲惨的深渊，却有助于国家民族的生存，当然应该有这么大的勇气和这样强的毅力来"舍孝取忠"。至于父亲偷了人家的羊，自然有人告到法院，依据证言及证物而获得公正的判决。子女若是出面指证，实在不近人情。在这种特殊情况下，"舍忠取孝"应该是比较妥当的做法。

顺的本意，是"顺天应人"。凡事以自然为师、向自然学习，拿自然作为判断的标准，便是"顺天"。拿顺天理对待兄姊的精神，推广到自己的上司，即为"应人"。用孝亲来修身，以齐家的心态来治国，所以历来都"求忠臣于孝子之门"。不过这个"家"，并不是现代盛行的小家庭，而是三代同堂以上的大家族。以大家族的治理经验来治国，自然得心应手，也是一种"移孝作忠"的表现。

移孝作忠的第一守则，应该是"己所不欲，勿施于人"。人性相近，所以欲与不欲虽然不可能一致，却也大致相同。不幸现代人喜欢作怪，又把它改成"己所欲，施于人"，再通俗化成为"好东西要与好朋友分享"，实际已

经偏离了孔子的原本用意，害己又害人，必须慎重分辨。己所欲，别人未必欲，所以以"己所欲"来"施于人"，实际上风险性很高，并不值得鼓励。己所不欲，我们只是不施于人，如果别人也有同样的欲求，照样可以供应，并未加以限制。其风险性相对减低很多，当然值得推广。

畏圣人之言，也是孝道的发扬。最好不要轻易改变流传这么久、经得起这么久远时间考验的哲理。何必凭一时、一己之所见，便要冒然加以更改呢？我们应该做的，是把历来的解释做一番正本清源的梳理，务求真相大白才好。

事　例

鲁迅的母亲是一个经历了许多苦难的女性。她三十一岁的时候，唯一的爱女瑞姑病亡，这一打击使她久久不能忘怀；三十九岁时，丈夫亡故。从此，鲁迅的母亲陷入了精神的悲伤和生活的困苦之中，自己一个人带着孩子艰难地生存。社会的黑暗，家境的败落，让鲁迅从小就饱尝了世态炎凉。由于鲁迅

是家中的长子，所以在他还是少年时就要分担母亲生活的重担。鲁迅曾经这么对人说："阿娘是苦过来的！"因此，鲁迅一生对自己的母亲都是极为恭敬、孝顺的。

鲁迅一生刚正不阿，从来都是口心如一，不会去曲意逢迎别人的观点，更不会违心地屈从别人。唯有在家庭中，他对母亲妥协过。鲁迅二十多岁的时候，母亲做主给他定了亲，并把他从日本召回来，逼他结婚。鲁迅对这桩包办的婚姻极为不满，但是又不愿刺痛母亲屡遭创伤的心，只好屈从了。鲁迅曾说："当时正处在革命年代，以为自己死无定期，母亲愿意有个人陪伴，也就随她了。"

鲁迅从日本回国不久，便应教育总长蔡元培邀请，任教育部官员，后又随教育部从南京迁往北京。按鲁迅故乡绍兴祝寿习俗，以阴历虚岁生日做寿，1916年阴历十二月十九日，是鲁迅母亲六十大寿，鲁迅先寄回六十元钱，给母亲过生日，在生日将临时，又特意从北京赶回绍兴，为母亲祝寿。鲁迅的母亲从小爱看社戏、爱听平湖调，为了庆祝母亲生日，让母亲愉快，鲁迅特邀请平湖调演员来家里演唱。这一天，全家热闹非凡，也是鲁迅母亲最欣慰的一天。1918年，鲁迅在西城八道湾11号购置了一套住房，购房当年，鲁迅就亲自返回绍兴，把母亲和全部家属接到了北京。

到北京后，母亲开始过上了安逸幸福的生活。每当母亲生病时，都由鲁迅亲自陪同到医院诊疗，或是由鲁迅请医生来家里医治。鲁迅在北京工作期间，除在教育部任职外，还在北大、女师大等几所大专院校兼课，平时还要写作，但他仍尽力抽出时间来，陪同母亲到香山、碧云寺、钓鱼台等地游览。1923年8月2日，鲁迅迁入砖塔胡同61号暂住，母亲还住在八道湾，但在砖塔胡同鲁迅仍给母亲留出一间东屋，供母亲来时居住。第二年，鲁迅迁入新购置的阜成门内宫门口西三条21号住宅，人住不到半个月，就把母亲接来同吃同住。鲁迅把最好的东屋给母亲住，自己则住在客厅外接出的一个小棚子里。鲁迅每天出门前，都要到母亲房里说一声："姆娘，我出去哉！"每次回家，也必到母亲房里说一声："姆娘，我回来哉！"然后问问母亲有什么事。每月发了工资，鲁迅都要买回各种点心，总是先送到母亲房里。

离开北京后，鲁迅和母亲开始通信，到鲁迅逝世时，六年多的时间里共给母亲写了一百一十六封书信。鲁迅不仅在家书里向母亲报平安，免得母亲挂念，还经常把近照寄给母亲。

1929年和1932年，母亲两次生病，鲁迅两次赴京探望。到北京后，亲自请医，亲自取药，等到母亲病愈了才回上海。母亲爱吃火腿，鲁迅在上海时，经常寄火腿给母亲。

出于孝心，鲁迅对母亲隐瞒了自己的病情。他说："肺病是不会断根的病，痊愈也不能的，但四十岁以上的人，却无生命危险，况且一发即医，不要紧的，请放心为要。"1936年10月19日，距鲁迅给母亲的信仅一个多月，鲁迅就在上海病逝了。母亲听到这消息，悲痛得哭不出声来，直到七天后才大哭一场。母亲含着泪说道："老大是我最心爱的儿子，他竟死在我的前头，怎么能不伤心呢？论年龄，他今年已经五十六岁了，也不算短寿了。只怪自己活得太长，如果我早死几年，死在他的前头，现在就什么事情也不知道了。"

除了物质生活以外，鲁迅在精神方面也对母亲体贴入微，关怀备至。母亲爱读言情小说，鲁迅多次在上海的世界书局，北新书店购买张恨水，程瞻庐的小说寄给母亲看。

这就是鲁迅，拥有高尚道德品质的一代文豪。

谏诤章

原　文

曾子曰："若夫慈爱、恭敬①，安亲、扬名，则闻命矣②。敢问子从父之令，可谓孝乎？"子曰："是何言与③！是何言与！昔者，天子有争臣七人④，虽无道，不失其天下；诸侯有争臣五人，虽无道，不失其国；大夫有争臣三人，虽无道，不失其家；士有争友，则身不离于令名⑤；父有争子，则身不陷于不义。故当不义，则子不可以不争于父，臣不可以不争于君；故当不义则争之。从父之令，又焉得为孝乎！"

注　解

①若夫：句首语气词，用于引起下文。

②则闻命矣：指已经听过老师的教诲了。

③与：通"欤"。句末语气词，表示感叹。

④争：通"诤"。

⑤令名：好名声。令，善，美好。

 译 文

曾子说："像慈爱、恭敬、安亲、扬名这些孝道，学生已经听过老师的教诲了，我还想再冒昧地问一下，做儿子的一味遵从父亲的命令，这可以称得上是孝顺吗？"孔子说："这是什么话！这是什么话！从前，如果天子身边有七个直言谏诤的大臣，纵使天子暴虐无道，他也不至于失去天下；如果诸侯有五个直言谏诤的大臣，即便诸侯暴虐无道，他也不会至于亡国；如果卿大夫也有三个直言谏诤的臣属，即使他是个无道之臣，也不会失去自己的封邑。如果士有直言谏诤的朋友，那么他就不会失去自己的美好名声；为父亲的有敢于直言谏诤的儿子，那么他就不会陷入不义之中。因此在遇到父亲有不义之事时，做儿子的不可以不谏诤力阻；国君有不义行为时，做臣子的不可以不直言谏诤。所以面对不义之事，一定要谏诤劝阻。做儿子的如果只是遵从父亲的命令，又怎么称得上是孝顺呢？"

解 读

"愚忠、愚孝"一直是大家不愿意看见的事实。《论语·里仁篇》记载："事父母几谏，见志不从，又敬不违，劳而不怨。"孔

子的观点，认为人难免犯错，但是犯了过失应当立即矫正，务使同样的过失不致再度重犯。"过则勿惮改"才是"不二过"的良好修养。我们常说的"天下无不是的父母"，真正的意思是对父母不能苛求或希望他们是不会犯过的完人。因为父母是人，一定会犯错，我们身为子女，心里纵然明白也不能加以指责。然而话说回来，看见父母犯错而盲目地顺从，必将陷父母于不义。严重的情况，更可能使父母身受牢狱之灾而全家惶恐不安，当然很不孝。"几谏"的意思，是柔声怡色的规劝。子女对父母，自然不应该疾言厉色地据理力争。谏的用意，恰好与顺相反。古人由单字用起，只说一个"孝"字，这是不难想象的情况。一字一太极，含有很多意义。孟子率先说出"顺乎亲"的话，《离娄篇》指出："不顺乎亲，不可以为子。"《万章上篇》也说："惟顺于父母，可以解忧。"但是并没有把孝和顺连接起来，成为"孝顺"。《滕文公下篇》尚且告诫大家："以顺为正者，妾妇之道也。"可见孝和顺是两码事，并不是一回事。孝未必要顺，而顺也不一定就是孝。子女的孝道，应该是"可顺则顺，不可顺便不顺"。只问"顺得合理与否"还不够，不顺时必须和颜悦色地劝告，父母倘若不能授受，子女必须恭敬地暂时停止。"不违"是指不违背几谏的原则，却不是"既然劝不动，那就遵照父母的指示去做"。"劳而不怨"是劝了又劝，哪怕是一而再、再而三，虽然有一些劳累，依然不能有所埋怨。

"父有争子"的争，比谏更深一层，含有"父母不听便不停止"的意思。谏的作用产生良好的效果，父母欣然接受当然是孝。倘若一劝再劝，父母坚决不采纳，这时候适当的阳奉阴违，不失为权宜应变的一种方式。口头上顺从，实际上拖延，再找一些理由来应对。即使父母失望，只要不损及健康又能够免于受辱或招祸，仍然是值得尝试的应变。阳奉阴违当然是不好的方式，但是为了父母的声誉，把它当做例外来处理，偶而为之也是不得已的事情。苦苦哀求仍不能见效之下，于是推、拖、拉以期待父母回心转意，岂不妙哉！

荀子认为"可从而不从"与"不可从而从"是同等的不孝。他指出："从命则亲危，不从命则亲安"，当然要不从；"从命则亲辱，不从命则亲荣"，当然不可从；"从命则禽兽，不从命则修饰"，当然以不从为敬。

事 例

从前有个叫目连的佛弟子，他在俗世的母亲叫青提夫人。他们住在西方，家里很有钱，有数不清的东西，数不清的牛马。青提夫人为人又小气，又贪心，还喜欢滥杀小动物。丈夫死了之后，她一个人带着儿子过活。这个儿子小名叫罗卜，他妈妈没有善心，他却很有善心，经常施舍穷人，尊重和尚，布施捐钱，每天设素食招待僧人，用心读大乘的教义，从不间断。

有一天，罗卜要出去做生意，先到屋里向母亲告别："儿子要去做生意，挣了钱来侍奉您，家里的钱，我想分成三份：一份我带了去，一份留着您用，另一份施给穷人。"

母亲听了，觉得很符合自己的心意，就让目连去了。自儿子走了之后，青提夫人在家过得十分可心，天天杀鸡宰羊地烧好东西吃，一点也不想儿子，更不要说弄清自己行动的好坏了。每逢尼姑和尚来的时候，就叫佣人棒打着赶他们出去。看到孤老，就放狗去咬。过了半个来月，罗卜做完生意回来了，在回家之前，他先叫佣人回家报告一声。青提夫人听说儿子回来了，匆匆忙忙地在院里周围挂了彩旗来欢迎，以至于把草皮也踩坏了。过了两天，罗卜回到家，拜见母亲，向母亲问好。青提夫人见了儿子，十分欢喜，说："自从你走了之后，我在家里，经常做善事。"

有一天儿子在邻居家谈到了青提夫人。邻居说她不做善事，每天杀生来吃，不拜佛祖却拜鬼神，和尚尼姑来了，她叫人欺侮他们。儿子听了，闷闷不乐地回家，问母亲这是不是事实。母亲听说了，怒气冲冲地说："我是你妈妈，你是我儿子，我们是怎么样的至亲，不相信我的话，反而听别人乱嚼舌头。今天如果你不相信我，我就发咒，我如果说了谎话，七天之内就死掉，死了下地狱。"

罗卜听了，哭着叫母亲不要生气，不要发这样的咒。哪知青提夫人发誓，上天早就知道了。青提夫人七天之内果真死了，灵魂到了地狱受苦。罗卜见母亲死了，十分悲痛，戴了三年孝，设了七七四十九天的斋饭，他想着如何来报答母亲的恩德，想来想去，只有出家最好。

如来佛什么都晓得，等罗卜出了家，就让他学到了第一流的神通，给他取了号，叫做大目连。大目连晓得很多知识，本领超过了罗汉，有了尊贵的地位。他还在想怎样来报答父母，所以用天眼来看两位老人托生什么地方。看到阿爹已升入天堂，天天过得快乐逍遥，母亲却在地狱里受折磨。

目连看到母亲受苦，十分难过，就前来告诉如来："如来佛啊！我母亲生前做了许多善事，应该升到天堂的，却下到了地狱，这到底是为什么？我虽然和罗汉一样尊贵，能耐却是有限，弄不清其中的道理，所以我来问您。希望您可怜我，告诉我这里的奥秘。"

如来把目连叫到跟前："你听我说，不要这样哭个不停。只因为你母亲活着的时候不行善事，天天杀生，欺侮和尚尼姑。是她自己作了孽，就一定要受到报应，到地狱里受苦，有谁能救得了呢？"

目连听了，苦闷极了。既然知道了母亲受苦的根源，他就打算去救母亲，只是恨自己神通不够，进不了地狱的门。他向如来请求说："我想见一眼我的母亲，可是我的神通还不够。希望您能发发慈悲，拿出您的威力来，就算只能看一眼，我也永生不忘您的恩德了。"

如来的神通是别人想象不出的，听了目连的多次恳求，如来见他可怜，就借给目连一条神奇的拐杖，一个神奇的钵盂。目连借来神通，"腾"地升到空中，像风一样快，一会儿到了地狱门口，摇着拐杖，地狱门就自动开放了。

地狱里面黑洞洞的，许多重黑色的墙壁，许多扇漆黑的大门，四面是黑铁做的城墙，城中有许多铜做的烟囱，黑红的火焰从里面喷出来。在城中受罪的人，每天要死去活来上万次，有的要走刀山，穿剑林，有的用铁犁拉过身子，有的用铜汁灌到嘴里，有的被迫吞下滚烫的铁丸，有的手抱着热的铜柱，身体被烤得焦烂了。他们身上带着刑具，一刻也不能脱下。牛头小鬼每天来割他们身上的肉，看守的小卒每天来拷打他们。放在锅里又煎又煮，受的罪实在难当。目连的妈妈青提夫人也在这些人中间，遍体伤痕，哪里还有往日的模样！

目连想见母亲，就低声下气地再三请地狱的看守照应，才算被允许了。这时青提夫人虽然听到了儿子的叫声，可是浑身像是散了架，如何挣得起来？夜叉查点过罪人的人数，把要领出的罪人名单交给小鬼，牛头和狱卒拿着棒，举着叉，将青提夫人拉了出来。目连这才看到了母亲，几步抢上前去，哭着抱住母亲，长久说不出话来。过了好久，才边哭边说："母亲，您做了那么多善事，总应该升入天堂，为什么却落得今天受这样大的苦？"

青提夫人叫目连的名字："罗卜啊罗卜，今天落到这样的下场，都是因为我生前造的孽。想我活着的时候，为人小气，嘴巴又馋，老是杀生，不做善事，哪想到有今日哪！罗卜啊罗卜，娘现在遭的是什么罪呀，每天里又渴又饥，有时叫我上刀山穿剑林，有时把我扔到沸水里煮，有时铁犁拉过我的身体，有时用铜汁倒进我嘴里，还把我绑在烫铁床上。这么多年了，我还没有喝到过汤水，我的身体差极了，还全是伤疤啊。"

目连听了，更加难过，看母亲生前生后，面貌像变了个人。自己地位高贵，常有好菜好汤，自己的亲生母亲却是连一口汤也喝不上。目连施展神通，变来了好吃的饭食，端给母亲吃。哪知青提夫人活着时罪太深了，汤一端上来就成了铜汁，饭菜刚想吃就变成了大火，目连看到这个情景，知道是母亲以前做错了事，流下了眼泪。

目连施展本领又回到了如来佛那里，把看到的跟如来讲了，请求如来佛救救自己的母亲。如来佛本来是个很慈悲的人，无时无刻都想为别人做好事，看目连这样孝顺，为了救母亲，做了那么大的努力，就告诉目连说："我可以告诉你一个方法。你要多多准备些好的果子和吃的，等到有一天，许多和尚都解去忧愁，罗汉们都欢喜的时候，你把好菜好果端出来，再三地恳求他们救你的母亲，或许能成功。佛祖在世的时候曾经留下过这个仪式，把它叫做盂兰会，所以现在还推崇它。"

目连听了，非常高兴。就照着如来说的去做，每个座位上都用彩条和花朵来装饰，香炉里焚上上好的香，准备了好多稀罕的食物，在案桌上供起

来，真心真意地企求如来和众多的佛爷，救救自己的母亲，让她离开阴间，早日升入天堂。

这样的诚意，终于使得目连的母亲提早离开了地狱，免得长期遭受折磨。但因为罪孽深重，不能够升到天上，脱胎变成了都城里一条母狗。每天在街上跑着，吃着不干不净的东西。

目连的天眼看到了这一切。他来到了京城寻找这条母狗。狗见了这个和尚很高兴。目连知道这是母亲变的，眼泪流了出来，就问母亲现在做狗，比在地狱的时候，情形怎么样。青提夫人见儿子发问，心中也很高兴，就说在地狱里，白天黑夜都受苦，这也是自作自受。幸亏目连设了盂兰会，才让她离开那里。虽然变成一条母狗，东西不干净但毕竟还能吃下去，比在地狱时要好多了。只是觉得太对不起目连了。

目连知道自己的力量不能再次救母亲上天，就又来告诉如来。如来正好在讲授这方面的教义。被目连的一片孝心打动，就叫目连记着：在庵园里，请上四十九个和尚，设上七天的道场，日日夜夜要念经拜忏。挂上幡幡，点上灯笼。看到动物就要放它一条生路，自己要读佛经中大乘的教义，诚心地祭请各个佛祖。目连一一照办，青提夫人才终于升了天。

佛经里经常告诫弟子们，一定要像目连一样孝顺。如果父母双亲都还健在，就要听他们的话，好好侍奉他们。如果他们有天忽然死去了，就要吃素食听佛法来报答他们的养育之恩。不能像一些笨人，连自己的父母也不报答。禽兽们也知道哺养的深情，何况自己是父母生下来的，却不去行孝道！

感应章①

原　文

子曰："昔者明王，事父孝，故事天明；事母孝，故事地察②；长幼顺，故上下治。天地明察，神明彰矣。故虽天子必有尊也，言有父也③；必有先也，言有兄也。宗庙致敬，不忘亲也；修身慎行，恐辱先也。宗庙致敬，鬼神著矣。孝悌之至，通于神明，光于四海④，无所不通。《诗》云：'自西自东，自南自北，无思不服⑤。'"

注　解

①感应章：此章言孝心感动天地神明、天地神明降福保佑之事，故以"感应"为名。又，据阮元《孝经注疏校勘记》，"感应"二字，石台本、《唐石经》、岳本皆作"应感"，邢昺的《正义》本也作"应感"。

②昔者明王五句：司马光说："王者父天母地，事父孝，则知所以事天，故曰明；事母孝，则知所以事地，故曰察。"又《周易·说卦》："乾为天，为父；坤为地，为母。"说明父道与天道相通，母道与地道相通。

③父：谓诸父。即伯父、叔父。

④光：通"广"，充满。

⑤《诗》云三句：见《诗经·大雅·文王有声》。思：语助词，无义。

译文

孔子说："从前的圣明帝王，因为他们事奉父亲孝顺，所以也就知道该怎样事奉天神；因为他们事奉母亲孝顺，所以也就知道该怎样事奉地祇；因为他们能够处理好家庭的长幼关系，所以也能够处理好国家的上下关系，天神地祇洞察孝子的所思所行，感其至诚，于是降福保佑。所以，即令是贵为天子，也必有他所尊敬的人，这就是他的诸父；也必有他所礼让的人，这就是他的诸兄。在宗庙中举行祭祀表达敬意，表示没有忘记亲人；注意自身修养，做事谨慎小心，这样做是唯恐给祖先带来耻辱。在宗庙中举行祭祀表达敬意，感动了鬼神，鬼神就纷纷降临，接受祭飨。孝悌之心达到了无以复加的地步，它就会和神明相通，充满整个世界，没有达不到的地方。《诗经》上说：'从西到东，从南到北，普天之下，没有不服从的。'"

解读

人有生必有死，把生前和死后做一个比较，就会发现：人的寿命十分有限，而死后的日子却无限久远。因此，产生"永生"的欲求，也是人之常情。永生不可能，于是诉诸立功、立德、立言。这也实在不容易，便顺理成章地认为"灵魂不灭"，因为身虽不在，魂却可以长存。人死后返回原来的地方，称为归。《说文》指出："人所归为鬼。"与鬼相对的即为神，可以"引出万物"。我们相信"生前有卓越贡献的人，死后应该尊之为神"。父母对家庭来说，无论如何都是伟大的，所以死后立有神主牌位。把亡故的父母尊为神，让家人定期祭拜以表示追思，也用来教导子女不可忘记祖先的恩泽。因为如果没有祖先，就不可能有我们这一家人，这种大恩大德，永远都报答不完。大恩不言谢，必须长远铭记在心，而且代代相传，用祭祀来表达敬意，心目中永远有先人。祭祀时必须诚心恭敬，自然会感到先人的精神如在我的面前，所以孔子说："吾不与祭，如不祭。"意思是祭祀的形式并不重要，重要的是藉由诚挚的感通之情，以表达深层的敬意。父母在世时，子女要孝敬；父母去世以后，子女在有生之年也必须孝敬。虽然形式不同，但敬意则应该始终如一。

《论语·泰伯篇》记载："禹，吾无闲然矣！菲饮食而致孝乎鬼神；恶衣服而致美乎黻冕；卑宫室而尽力乎沟洫。"致孝乎鬼神，便是向鬼神表达孝敬的诚挚之意。禹对自己的饮食，简单菲薄；对鬼神的享祀，却很丰厚。致美乎黻冕，指祭祀时所穿的礼服，相对于平日所穿的恶衣服，显得很考究。尽力乎沟洫，表示对农田水利的尽力发展。禹住在简陋的房屋，对人民的公共设施却不惜费用去做。这种公而忘私、实事求是的精神，推展到对鬼神的感念，孔子十分赞叹，所以说他对禹"无闲然"，没有什么不满意的地方。该做的事，要靠自己的力量尽量把它做好。我们祭祀鬼神，并不在乎祈求保佑或恳求协助。我们虔

诚敬慎，藉着彼此的感应，使鬼神的德和我们的德连结在一起。因为人力有限，若能获得有如神助的信心，当然可以做得更好。但在未尽力之前，不应该舍近求远去寻求鬼神。

我们不必关心鬼神要不要穿衣服，吃些什么东西，需不需要一辆名牌汽车，要不要花钱。我们应该在父母生前"事之以礼"，死后"葬之以礼"，这样才谈得上"祭之以礼"。所以，孔子主张"未能事人，焉能事鬼"。死后再怎么丰厚的祭品，也远不及我们在父母生前所表达的孝敬。

事　例

司马迁是我国西汉伟大的史学家、文学家。

作为史官，既要记载帝王圣贤的言行，也要搜集整理天下的遗文古事，叙事论人，为当时的统治者提供借鉴。司马迁的父亲司马谈便有志于此。他做太史令之后，就开始搜集阅读史料，为修史做准备。但是，他感到自己年事已高，要独立地修成一部史著，无论是时间、精力，还是才学知识都还不够，所以司马谈寄厚望于他的儿子司马迁，希望他能够早日参与其事，最终实现这个宏愿。

司马迁从二十岁便开始了他的游历生活。他到过会稽，访问夏禹的遗迹；到过姑苏，眺望范蠡泛舟的五湖；到过淮阴，访求韩信的故事；到过沛邑，访问刘邦、萧何的故乡。看到儿子眼界开阔，学识精进，司马谈非常欣慰。这位老学者在病危时，紧紧握着司马迁的手，流着眼泪对他说："我们的祖先曾经是周王朝的太史，再往上追溯，前代祖先还曾经在虞夏之朝有显赫的功名，难道这些要在我这一代中断了吗？如今天子封禅泰山，是承接千年大统的重大举措，而我却不能从行，是命运这样决定的吗？我死之后，你一定要接着做太史令，一定要继承我的事业。当今大汉兴盛，海内一统，明主贤君忠臣死义之士，我任太史令而没有记载，内心十分惶恐，你应当时时想着这件事！"司马迁低着头，哭泣着说："儿子不才，但一定记住完成父亲未完成的事业，详细论述先久昕记录的史事，不敢遗漏！"父亲的教诲嘱托极大地震动了司马迁，他看到了父亲作为一名史学家难得的使命感和责任感，他也知道父亲将他毕生未竟的事业寄托在自己的身上。做了太史令的司马迁，大量阅读书籍和重要资料，费尽心血，埋头整理和考证史料。

天汉二年，李陵投降匈奴。汉武帝大怒，司马迁直言为李陵辩解，认为李陵在矢尽粮绝的情况下投降匈奴，情有可原，只要他不死，一定还会效忠大汉。盛怒中的汉武帝听了司马迁这番话，认为司马迁有意替李陵护短开脱，反对朝廷，将司马迁关进监狱。

后来，汉武帝听信传闻，处死了李陵的全家，对司马迁也处以宫刑。司马迁的身心都遭受了极大的痛苦。他本想一死了之，但想到父亲的遗愿，想到自己未完成的事业，便打消了这个念头。他想："人总是要死的，有的重于泰山，有的轻于鸿毛。如果我就这样死了，不是比鸿毛还轻吗？我一定要活下去！我一定要写完这部史书！"想到这里，他尽力克制自己，把个人的耻辱、痛苦全都埋在心底，重又摊开光洁平滑的竹简，在上面留下一行行工整的字迹。

此后，司马迁忍辱负重，专心著述。经过十年的艰苦努力，终于完成了《史记》。后来鲁迅先生称赞《史记》为"史家之绝唱，无韵之《离骚》"。

事君章

原文

子曰："君子之事上也①，进思尽忠，退思补过②，将顺其美，匡救其恶③。故上下能相亲也。"《诗》云："心乎爱矣，遐不谓矣④？中心藏之⑤，何日忘之！"

注解

①事上：侍奉君王。

②进思尽忠，退思补过：进，指为朝廷做事。退，回到家里。郑注："死君之难为尽忠。"韦昭曰："退居私室，则思补其身过。"进思尽忠，是说出而为国家做事，要想到怎样尽忠心，没有一点虚伪不实之处。退思补过，是说回到家里，要反省修身，有没有做错事情。

③将顺其美，匡救其恶：将，助。匡救，扶正补救。郑注："善则称君，过则称己也。"司马光曰："将，助也。"这句的意思是对于君王的美政，要帮助其推行；对于君王的过失，也要匡正补救。

④遐不谓矣：遐，通"何"。谓，说。

⑤中心藏之：中心，即心中。藏，隐藏。

译 文

孔子说："君子侍奉君王，居庙堂之时，想的是如何为国尽忠尽孝；回到家里，还在反省己身，有没有犯什么过错。以便使君王的有益政令得到执行，而那些过错、失误也及时地给予补救、匡正。这样就能使上上下下都能互相亲敬。"《诗经》里说："心中洋溢着爱的情怀，相距太远而不能倾诉，深深地珍藏在心中，无论何时，永不忘记。"

解 读

《论语·为政篇》记载："孝乎惟孝，友于兄弟。施于有政，是亦为政。"一个人孝敬父母、友爱兄弟，再把孝友的道理拿来从事政治，即为孝治。儒家的政治精神，在于把政治当做道德的延伸。权力不过是手段，服务才是目的。以行道的精神来从事服务的工作，必须本着孝亲的心来事奉君上。上班时应该尽忠职务，把自己分内的工作做好；下班以后，应该反省自己的缺失，尽快设法加以补救。上级的指示如果合理，当然要尽心尽力去完成；倘若有不合理的地方，则必须用心补救而加以导正。因此，孔子主张人君最好是无为而治，使人臣得以有为。

说到"无为"，大家就会想起老庄道家。儒道两家异口同声都倡导"无为"，可见"人君无为，人臣才能有为；唯有人臣有为，天下才能大治"是两家的共识。其用意在说：人君不可能万能而样样都通。即使是伟大的通才，也可能百密一疏、造成遗憾。人君"藏智显仁"，有智能也不要表现出来，把舞台让出来让人臣各自表演分内的能事，分工合作后自然有所成就。人君把仁德尽情流露，使群臣不敢不以德行政、公而无私，天下当然能够大治。

但是儒家的"无为而治"，毕竟和道家有所不同。孔子赞赏尧舜无为而治，无为是"没有私心私欲的为"，而治则是指"为政以德"。人君不仅在生活上要修己，更应该在政务上尽其应尽的责任来安抚百姓。《论语·宪问篇》记载"修己以安人，修己以安百姓"，应该是人君的风范与气度。道家的期许更高一些，不容许有力者宰制万物，只任人各适其性、各尽其能，而万物莫不俱足。所以，先由儒家入手，以大公之道联合众臣的意志和才能，无私弊也无废事，然后做到大有为。经过一番磨合之后，各人既能自主又能互相辅助，自然进入道家的无为，发挥"人相忘于道术，鱼相忘于江湖"的精神，彼此密切相契，真正"无为而无不为"，才是天下的大幸。

事　例

温五，是一个浓眉大眼，身躯高大的彪形大汉。性情横暴，行为粗鲁，乡人都畏之如虎。在家庭中，他常常辱骂父亲，殴打哥哥，他的哥哥是一无知乡愚，懦弱无能，绝对不敢与他计较，只得携着妻子，迁到遥远的地方居住，避免与他冲突。可是温五对哥哥还是不肯放松，常常寻到哥哥家中，坐索酒食，强借金钱，稍不如意，兄嫂都要受他的凌辱。这样一个横暴的恶汉，倘有贤良的妻子予以劝导，或许稍可改变他的恶性。但不幸得很，他妻子对丈夫的恶行，不仅不加规劝，反而助纣为虐，协同他忤逆父亲。有一天下雨，他呼唤父亲上街买菜，父亲知道自己儿子脾气很坏，不敢不从，但雨天道路泥泞，无法行走，然恐触怒儿子，不得已宰烹自养母鸡供养儿媳。温五老实不客气地带着妻子围坐而食，狼吞虎咽，吃个精光，并不留一些余食给父亲。锅中仅剩残余的鸡汁，父亲私取残汁尝尝，给温五看到了，拍桌大骂父亲口馋，盛怒之余，还连汤带饭倾入厕中。他父亲遭遇如此的羞辱，怨无可伸，只得跪在灶神前面泣诉，温五认为父亲是在灶神前咒他，更暴跳如雷地说："你要咒死我吗？我是天不怕地不怕的。"有一天，父亲抱着孙儿嬉戏，偶一失手，不慎把孙儿跌倒在石台上，额部跌伤，温五认为伤害了自己的儿子，拿起棒来要打父亲，他父亲急忙躲入床下，他一棒打在床上，把床打得倾斜破碎。他父亲呼号求救声达四邻，但邻居们都畏惧温五凶暴，闭户不敢过问。初秋的八月，正是台风的季节。黑夜中，狂风怒吼，暴雨如注，接着大地震动，房屋摇摇欲倒，温五急忙携妻抱子，出外避难。年老的父亲，行动不便，拉着温五的衣袖说："儿子救我！儿子救我！"可是残忍成性的温五，不管老父的危险，反把父亲推倒在地上，只顾自己带着妻子逃命，刚逃到巷口的时候，大地震动更加厉害了，巷墙倾斜，巷口两边砌着的大石磨相对着倒下，将温五夫妇拦腰夹住，墙上砖石倒如雨下，把这对忤逆不孝的夫妇打成齑粉。事情发生以后，很多人都看到石磨上斑斑的血迹，深信这是忤逆不孝的恶报。

丧亲章①

原文

子曰："孝子之丧亲也，哭不偯（yǐ）②，礼无容，言不文③，服美不安，闻乐不乐，食旨不甘，此哀戚之情也④。

"三日而食⑤，教民无以死伤生，毁不灭性，此圣人之政也⑥。丧不过三年⑦，示民有终也。

"为之棺、椁、衣、衾而举之⑧，陈其簠（fǔ）簋（guǐ）而哀戚之⑨，擗踊哭泣，哀以送之⑩，卜其宅兆，而安措之⑪，为之宗庙，以鬼享之⑫，春秋祭祀，以时思之⑬。生事爱敬，死事哀戚，生民之本尽矣，死生之义备矣⑭，孝子之事亲终矣⑮。"

注 解

①丧亲：失去父亲。丧，丧失，失去。

②孝子之丧亲也，哭不偯偯，哭泣的余声，以致气竭声嘶，已到悲伤痛哭的极点。《礼记》："斩衰之哭，若往而不反。齐衰之哭，若往而反。大功之哭，三曲而偯。"郑注："三曲，一举声而三折也。偯，声余从容也。"又《礼记·杂记》："童子哭不偯，不踊，不杖，不菲，不庐。"这句的意思是，孝子应当哭泣，但不可过于悲痛，声断伤身。

③礼无容，言不文：《国语·周语》韦昭注："容，仪容也。"《荀子·礼论》杨倞注："文，谓修饰。"《礼记·丧大记》："父母之丧，居倚庐，不涂，寝苦枕块，非丧事不言。"又《丧服四制》："三年之丧，居不言。书云：'高宗谅闇，三年不言。'此之谓也。"

④服美不安，闻乐不乐，食旨不甘，此哀戚之情也：乐，前一

119

个乐为音乐的乐，后一个乐为快乐的乐。旨，鲜美的食物。甘，香甜。郑注："去文绣，衣衰服也。孝子三日成服，衰麻而服三年丧也。"《白虎通·丧服》："丧礼必制衰麻，盖服以饰情，情貌相配，中外相应，故吉凶不同服，歌哭不同声，所以表中诚也。"《礼记·问丧》："痛疾在心，故不甘味，身不安美也。"又《闲传》："故父母之丧，既殡食粥，朝一溢米，莫一溢米；齐衰之丧，疏食水饮，不食菜果；大功之丧，不食醯酱；小功缌麻，不饮醴酒。"又《丧服四制》："父母之丧，衰冠绳缨菅屦，三日而食粥，三月而沐，期十三月而练冠，三年而祥。"《论语》："夫君子之居丧，食旨不甘，闻乐不乐，居处不安。"

⑤三日而食：《礼记·问丧》："亲始死，……伤肾、乾肝、焦肺，水浆不入口，三日不举火，故邻里为之糜粥以饮食之。"又《丧服四制》："三日而食，三月而沐，朝而练，毁不灭性，不以死伤生也。"三日而食，指古时丧礼，父母之丧三天以后，才有正常饮食。

⑥教民无以死伤生，毁不灭性，此圣人之政也《曲礼》："居丧之礼，毁瘠不形。"《礼记·檀弓》："毁不危身。"《礼记·三年问》："夫三年之丧，天下达丧也。"郑注云："达，谓自天子至于庶人。"《中庸》第十八章："三年之丧，达乎天子；父母之丧，无贵贱一也。"《孟子》："三年之丧，齐疏之服，飦粥之食。自天子达于庶人，三代共之。"

⑦丧不过三年：指守丧时期不可超过三年。《论语·阳货》："子生三年，然后免于父母之怀。夫三年之丧，天下之通丧也。"

《礼记·丧服四制》:"始死,三日不怠,三月不解。期悲哀,三年忧,恩之杀也。圣人因杀以制节,此丧之所以三年。贤者不得过,不肖者不得不及,此丧之中庸也,王者之所常行也。"

⑧为之棺、椁、衣、衾而举之:棺,棺材。椁,套于棺材外之木盖。衣,寿衣。衾,丧礼用的被单。举,举葬,举行小殓及大殓的礼节。《礼记·檀弓》:"殷人棺椁。"郑注:"椁,大也,以木为之,言椁大于棺也。殷人尚梓。"又《丧大记》曰:"君松椁,大夫柏椁,士杂木椁。"郑注云:"周尸为棺,周棺为椁。"《孟子·公孙丑》:"古者棺椁无度。中古棺七寸,椁称之,自天子达于庶人;非直为观美也,然后尽于人心。"又《滕文公篇》:"掩之诚是也,则孝子仁人之掩其亲,亦必有道矣。"《礼记·檀弓》:"葬也者,藏也;藏也者,欲人之弗得见也。是故,衣足以饰身,棺周于衣,椁周于棺,士周于椁;反壤树之哉。"又云:有子曰:"夫子制于中都,四寸之棺,五寸之椁,以斯知不欲速朽也。"又云:"天子之棺四重,水兕革棺被之,其厚三寸,杝棺一,梓棺二,四者皆周。"又《丧大记》:"袍必有表,不禅;衣必有裳,谓之一称。……小殓大殓,祭服不倒,皆左衽结绞不纽。"

⑨陈其簠簋而哀戚之:陈,陈列,摆设。簠簋,古代祭祀时,盛稻粱黍稷用的木制器皿。簠盛稻粱,外方内圆。簋盛黍稷,外圆内方。戚,哀伤。《礼记·檀弓》:"丧礼,哀戚之至也;节哀,顺变也;君子念始生之者也。"又云:"奠以素器,以生者有哀素之心也;惟祭祀之礼,主人自尽焉尔。岂知神所飨,亦以主人有齐敬之心也。"

⑩辟踊哭泣，哀以送之：辟，拊心曰辟，拍胸之意，指女子哭时用手拍胸。踊，顿足曰踊，男子哭时以足顿地。《礼记·问丧》："女子哭泣悲哀，击胸伤心；男子哭泣悲哀，稽颡触地无容，哀之至也。"又《问丧》："辟踊哭泣。"郑注："辟，拊心也。"《礼记·檀弓》："辟踊，哀之至也。"《释文》"辟，抚心也。"

⑪卜其宅兆，而安措之：卜，占卜。《礼记·丧大记》郑注"卜，卜葬之日也。"《吕氏春秋·举难》高注："卜，择也。"宅，墓穴。兆，茔域，坟墓的地界。

⑫为之宗庙，以鬼享之：宗庙，郑玄注："宗，尊也。庙，貌也；亲虽亡没，事之若生，为立宫室，四时祭之，若见鬼神之容貌。"《礼记·王制》："天子七庙，三昭三穆，与太祖之庙而七。诸侯五庙，二昭二穆，与太祖之庙而五。大夫三庙，一昭一穆，与太祖之庙而三。士一庙，庶人祭于寝。"

⑬春秋祭祀，以时思之：春秋，指春秋两季。郑注："四时变易，物有成熟，将欲食之，故荐先祖，念之若生，不忘亲也。"《礼记·王制》："天子诸侯之祭，春曰礿，夏曰禘，秋曰尝，冬曰烝。"又云："大夫士宗庙之祭，有田则祭，无田则荐。庶人春荐韭，夏荐麦，秋荐黍，冬荐稻。韭以卵，麦以鱼，黍以豚，稻以雁。"又《祭义篇》："秋，霜露既降，君子履之，必有凄怆之心，非其寒之谓也。春，雨露既濡，君子履之，心有怵惕之心，如将见之。"

⑭生事爱敬，死事哀戚，生民之本尽矣，死生之义备矣：《礼记·曾子问》："曾子曰：父母之丧，弗除可乎？孔子曰：先

王制礼，过时弗举，礼也。非弗能勿除也。患其过于制也，故君子过时不祭，礼也。"又《祭义篇》："君子生则敬养，死则敬享，思终身弗辱也。"吴澄云："亲在，则事之以爱敬；亲死，则事之以哀戚。生死皆致其孝，然后足以尽生民之本，备死生之义。"又云："民之生也，心之德为仁，仁之发为爱。爱亲，本也；及人，末也。故孝为生民之本。义者，宜也。生而恭敬，死而哀戚，理所宜然，故曰死生之义。"

⑮孝子之事亲终矣：孝子已经尽到侍奉双亲最终的孝道了。

　　孔子说："孝顺的儿女在父母去世的时候，哭得声嘶力竭，举止行为完全没有了平时的那种礼仪，说话也不注意措词而显得语无伦次，穿上华丽漂亮的衣服，行为举止亦不安分，听到美妙的音乐也不觉得愉悦，吃到好味道也感觉不到称心，这都是因为悲哀的缘故而产生出来的表现。三天不吃东西，就要劝导他，告诉他不能因为失去亲人而伤害折磨自己，即使再怎么悲伤难过，也不应该不爱惜自己。这些都是圣贤君子的为政之道。为亲人守丧，丧期不可超过三年，表示这些丧制是有它的终止阶段的。办丧事的时候，替死去的父母准备好棺材、外棺、衣饰以及装敛用的衣服，把他们安排放置好，再安排陈设一些祭奠用的器具如簠、簋之类，并献上可供祭奠的供物，以表示生者对死者的哀悼。送葬之时，捶胸顿足、嚎啕大哭送出之后，选择一块风水宝地，把遗体安放埋葬在那里，然后建立起一座祭祀用的庙宇，让亡灵有所归依寄托，而且不时去拜祭一下，使亡灵得到安息。祭祀一般在春夏秋冬四季都有，表示在世的人无时不在想念故去的亲人。父母有生之时，要以周到尊敬之心侍奉；父母百年之后，亦要以悲哀之情料理后事。能够做到这些，人总算完成了作为一个人的根本义务，也尽了真正的生死之情。作为一个孝子做到这些，也就完成侍奉亲人的义务，便算得上是一位真正守孝道的人了。"

解读

孟子说："人之所以异于禽兽者几希。"人与禽兽之分，主要在于是否"知礼"。我们的内心情感称为"仁"，而外在的生活规范就是"礼"。《论语》中论礼，共有四十五章，而"礼"这一个字，总共出现了七十五次，所以《尧曰篇》指出："不知礼，无以立也。"一个人不懂得礼、不守礼，怎么能够处世呢？

人类的大礼，应该是"知恩必报"。这是人性最高的尊严，也是人禽之别的关键所在。现代人只记住小礼，却忽略了知恩必报的大礼。大家满脑子都是"权利"、"义务"，所计较的都是

"利益"。由于利益有限，而人的欲求无穷，要以无穷的欲望来分取有限的利益，当然非争不可。老子说："圣人之道，为而不争。"圣人的道理，在于施予而不争夺。用意在提醒我们：刚出生的时候，我们除了身体之外，本无一物、一无所有，现在所有的东西，都是身外之物。人类倘能因此觉悟，大家都放下私心，不要争权夺利，那么，世界将多么美好，人类将多么安宁！

《中庸》说："唯天下至诚，为能尽其性；能尽其性，则能尽人之性；能尽人之性，则能尽物之性；能尽物之性，则可以赞天地之化育；可以赞天地之化育，则可以与天地参矣。"与天地参，就是把人的地位提高到和天地并列，成为天地人三才同等重要的位阶，当然与禽兽有很大的差异。要和天地并列，必须赞助天地万物的化育。这样一步一步向前推，唯有天下至诚的圣人，能够完全实践天赋本性的极致，才有能力尽知他人的本性，因而尽知万物的本性。这样一步一步向外推展，终于能够赞天地之化育，与天地参。我们体会圣人的用心良苦，在于启示我们：死是生命的终极，我们对于"死"的态度，往往决定我们对于"生"的态度。人死为大，实际上是知恩必报的最高价值所在。

父母生时，子女和父母都是活生生的人，难免由于所处的环境不同，心情有所差异而产生若干不愉快，甚至剧烈的冲突。为什么清官难断家务事？自家人都难以摆平，外人再有能力恐怕也难以论断。天下无不是的父母，应该是用来提醒普天下的子女，即使父母生前真的有不是的地方，亡故以后也应该完全忘掉，永不再提。期使在自己心目当中，父母真的"无不是"，而只留下美好的记忆，让自己永怀感恩的心情，何其愉悦，何其有幸！

礼所重视的，是实质而非形式。葬礼的本质，是永远的怀念与感恩。然而，实际的情况却大多与此相反。人在未死之前，殡仪馆就互相抢起生意，子女也用心计较遗产的分配。父母尸骨未寒，又被丧事干扰得心未调优，即使再大的场面和再多的法事，又有何用？父母生前若已做到"克己复礼"，身中不留半点习气，用不着任何形式和排场，自然灵性上升而安心回老家。殡葬的礼仪，用意在增加丧事的庄严性，让死者获得安慰，所以我们常说"以慰在天之灵"。人的魄，是借血气的灵，受金气而凝结，生后七七四十九天而得其全，因此死后通常也经过四十九天而灭亡。古代在这段期间内，会尽量做一些法事，相当于送终，实际上，入土为安对死者才最合适。凡事以德为主，如何合理"殡"应该由家人共商决定。

事　例

清代嘉庆二十三年，江苏省无锡县北乡曹溪里，有王姓的儿媳，是一个泼辣凶悍的逆妇，平日懒于操作家事，一切煮饭洗衣，乃至打扫等杂务、都要老态龙钟的婆婆动手。可是婆婆年老力衰，对于家事的操作，当然不能做得理想，或是房屋打扫得不够整洁，或是菜肴烹调得不够味儿，因此时常遭受逆媳的恶言咒骂。那逆媳的丈夫，亦即婆婆的儿子，是一个懦弱无能的人，坐视妻子忤逆自己的母亲，不敢加以劝导，更谈不上管教。邻居的人，有时看不顺眼，偶尔从旁劝解，总无法遏制逆媳的恶性，至于婆婆本人，为了爱护孙儿，竟甘受逆媳的凌辱，逆来顺受，日子一久，逆媳益发肆无忌惮。有一天，婆婆带着孙儿玩，不知怎的，孙儿跌了一跤，跌破了头。逆媳认为是婆婆太不小心，以致跌伤了自己的儿子，竟对婆婆破口大骂。正在咒骂得凶狠，使婆婆痛心万分的时候，忽然乌云四布，大雨倾盆，不一会儿，房屋内外，都积满了水，逆媳两脚踏在泥地上，因泥地被洪水冲得很松，逆媳竟陷入泥土中，越陷越深，她不禁惊慌起来，急忙大呼："婆婆救我！婆婆救我！"婆婆看到媳妇陷入危急状态中，虽已忘了平日的怨恨，很想救她，但在狂风暴雨中，束手无策，逆媳身体的大部分，都已陷入地下深泥中了，放声痛哭起来，可是哭也无用，不到一小时，全身灭入地中。狂风暴雨过后，邻居们把逆媳从泥地中挖掘起来，已经窒息毙命。这样的惨死，好像是被活埋一样，远近的人，看到逆媳死得如此的奇，都说显然是忤逆的现身恶报。当时有人作了一首诗说："大地难容忤逆人，一朝地灭尽传闻。婆婆叫尽终无用，何不平日让几分！"

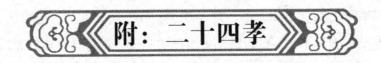

孝感动天

原 文

[虞] 舜①，姓姚，名重华，瞽瞍②之子。性至孝，父顽③，母嚚④，弟象傲。舜耕于历山⑤，象为之耕，鸟为之耘，其孝感如此。陶于河滨⑥，器不苦窳；渔于雷泽⑦，烈风雷雨弗迷。虽竭力尽瘁，而无怨怼之心。尧闻之，使总百揆⑧，事以九男⑨，妻以二女⑩。相尧二十有八载，帝遂让以位焉。

队队耕田象，纷纷耘草禽。

嗣尧登宝位，孝感动天心。

注 解

①舜：传说为古代父系氏族社会后期部落联盟的首领，姓姚，号有虞氏，名重华，史称虞舜。相传舜帝故里是今河南濮阳，其父叫瞽叟，母名握登。他以孝闻名，四方部落举他为尧

128

的继承人，尧考核后，命他摄政。

②瞽瞍：瞎子。

③顽：愚昧。

④嚚（银）：愚蠢。

⑤历山：即今山西蒲州的雷首山。

⑥陶于河滨：在黄河边上制造瓦器。

⑦雷泽：在今山东鄄城县西南，一说在今蒲州附近。

⑧总百揆：总领各官。

⑨九男：尧的九个儿子。

⑩二女：尧女娥皇、女英。

译 文

虞舜，即舜，姓姚，有虞氏，名重华。父亲是一个瞎子，天生就懂得大孝。他父亲脾气古怪，继母性情变化无常，同父异母的弟弟名字叫象，非常不懂事。舜每天去历山耕田种地，干活时有大象跑来替他拉犁，小鸟飞来为他播种。舜在黄河边制作陶器，制造的器物质量都很好。他到雷泽打鱼，虽遇到暴风雷雨也不会迷失方向。虽然竭尽心力

与劳苦，却没有怨恨之心，帝尧听闻到舜的至孝，使他总管国家大事。还让九个儿子侍奉他，并将女儿嫁给他。经过多年的观察和考验，最后把天下禅让给了舜。

戏彩娱亲

原文

[周] 老莱子①，楚人。至孝，奉二亲，极其甘脆②。行年七十，言不称老，着五彩斑斓之衣，为婴儿戏舞于亲侧。又尝取水上堂，诈跌卧地，作小儿啼，以娱亲意。

戏舞学娇痴，春风动彩衣。

双亲开口笑，喜气满庭闱。

注解

①老莱子：春秋时楚国隐士，因避世乱，种田蒙山下。其"戏彩娱亲"故事见《初学记·孝子传》《艺文类聚·列女传》。

②甘脆：甘甜爽口的美味。

译文

老莱子，春秋时期楚国隐士，为躲避世乱，自耕于蒙山南麓。他孝顺父母，尽拣美味供奉双亲，七十岁尚不言老，常穿着五色彩衣，手持拨浪鼓如小孩子般戏耍，以博父母开怀。一次为双亲送水，进屋时跌了一跤，他怕父母伤心，索性躺在地上学小孩子哭，二老大笑。

鹿乳奉亲

原　文

[周]郯子，性至孝。父母年老，俱患双眼，思食鹿乳。郯子顺承亲意，乃衣①鹿皮，去深山，入鹿群中，取鹿乳供亲。猎者见而欲射之。郯子具以情告，乃免。

诗曰：亲老思鹿乳，身挂鹿毛衣。

若不高声语，山中带箭归。

注　解

①衣：穿

译　文

郯子，春秋时期人，非常的孝顺。父母年老，患眼疾，需饮鹿乳疗治。他便披鹿皮进入深山，钻进鹿群中，挤取鹿乳，供奉双亲。一次取乳时，看见猎人正要射杀一只麂鹿，郯子急忙掀起鹿皮现身走出，将挤取鹿乳为双亲医病的实情告知猎人，猎人敬他孝顺，以鹿乳相赠，护送他出山。

百里负米

原文

[周]仲由，字子路。家贫，常食藜藿之食，为亲负米百里之外。亲殁，南游于楚，从车百乘，积粟万钟，累茵[1]而坐，列鼎[2]而食。乃叹曰："虽欲食藜藿，为亲负米，不可得也。"

诗曰：负米供旨甘，宁辞百里遥。

身荣亲已殁，犹念旧劬劳。

注解

①累茵：多层褥垫。

②列鼎：陈列盛馔。

译文

仲由，字子路、季路，春秋时期鲁国人，孔子的得意弟子，性格直率勇敢，十分孝顺。早年家中贫穷，自己常常采野菜做饭食，却从百里之外负米回家侍奉双亲。父母死后，他做了大官，奉命到楚国去，随从的车马有百乘之众，所积的粮食有万钟之多。坐在垒叠的锦褥上，吃着丰盛的筵席，他常常怀念双亲，慨叹说："即使我想吃野菜，为父母亲去负米，哪里能够再得呢？"

啮指心痛

原　文

［周］曾参[1]，字子舆，孔子弟子，事母至孝。参尝采薪山中，家有客至，母无措，望参不还，乃啮其指。参忽心痛，负薪以归，跪问其故，母曰："有急客至，吾啮指以悟汝尔。"

母指才方啮，儿心痛不禁。

负薪归未晚，骨肉至情深。

注　解

①曾参，字子舆，孔子弟子，事亲至孝，孔子和他讲有关孝的道理，后其弟子将这些问答之言编成《孝经》。有关他孝顺父母的故事很多。相传他有次锄瓜误断其根，其父曾点举杖将他打昏在地，他苏醒后，又抚琴而歌。孔子听说后，认为应该小杖则受，大杖则走，曾参让父打昏，是陷父于不义，不能算孝。他主动上门表示接受孔子的教导，承认自己错了。

周朝曾参，字子舆，是孔子的弟子，非常孝顺母亲。曾参经常去山里打柴。一天，家里有客人来，曾母没有准备，等等曾参还不回来，就自己咬自己的指头。曾参在山里忽然觉得心痛，知道是母亲呼唤他，赶紧背着干柴回去，跪下问母亲原因。曾母道："有急客来，我咬指头叫你啊。"

芦衣顺母

原 文

　　[周] 闵损[①]，字子骞，孔子弟子。早丧母，父娶后母，生二子，衣以棉絮，妒损，衣以芦花。父令损御车，体寒失靷[②]，父察知故，欲出[③]后母。损曰："母在一子寒，母去三子单。"母闻改悔。

　　闵氏有贤郎，何曾怨晚娘。

　　父前留母在，三子免风霜。

注 解

①闵损：字子骞，春秋末期鲁国人，孔子弟子。孔子曾说过："孝哉闵子骞。"闵损不做鲁国权臣季孙氏的官，以德行见称。

②靷：牵引车前行的皮带。

③出：休弃。

译 文

周朝闵损，字子骞，孔子的弟子，是个孝子。他生母早死，父亲娶了后妻，又生了两个儿子。继母经常虐待他，冬天，两个弟弟穿着用棉花做的冬衣，却给他穿用芦花做的"棉衣"。一天，父亲出门，闵损牵车时因寒冷打颤，将绳子掉落地上，遭到父亲的斥责和鞭打，芦花随着打破的衣缝飞了出来，父亲方知闵损受到虐待。父亲返回家，要休逐后妻。闵损跪求父亲饶恕继母，说："留下母亲只是我一个人受冷，休了母亲三个孩子都要挨冻。"父亲十分感动，就依了他。继母听说，悔恨知错，从此对待他如亲子。

亲尝汤药

原 文

［前汉］文帝，名恒，高祖第三子，初封代王。生母薄太

后，帝奉养无怠。母常病，三年，帝目不交睫①，夜不解带，汤药非口亲尝弗进。仁孝闻天下。

诗曰：仁孝临天下，巍巍冠百王。

莫庭事贤母，汤药必亲尝。

①交睫：合上眼睛。

汉文帝刘恒，汉高祖第三子，为薄太后所生。高后八年（公元前180年）即帝位。他以仁孝之名，闻于天下，侍奉母亲从不懈怠。母亲卧病三年，他常常目不交睫，衣不解带；母亲所服的汤药，他亲口尝过后才放心让母亲服用。刘恒孝顺母亲的事，在朝野广为流传。人们都称赞他是一个仁孝之子。

拾葚供亲

原文

[汉] 蔡顺，少孤，事母至孝。遭王莽乱，岁荒不给。拾桑葚①，以异器盛之。赤眉贼见而问之，顺曰："黑者奉母，赤者自

食。"贼悯其孝，以白米二斗牛蹄一只与之。

诗曰：黑葚奉萱闱②，啼饥泪满衣。

赤眉知孝顺，牛米赠君归。

注 解

①桑葚：桑树的果实。

②萱帏：母亲的住所，指母亲。

译 文

蔡顺是后汉人，少年丧父，孝顺母亲。当时遭王莽之乱，年景饥荒，粮食不足。蔡顺就拾桑椹供养母亲，并用两个筐子盛着。一天碰见赤眉军问他为什么用两个筐子。他说：黑的熟桑椹是给母亲吃的，红的生桑椹子是我自己吃的。赤眉军怜悯他的孝顺，送给他大米牛蹄等很多食物让他带回家，以表敬意。

为母弃儿

原 文

[汉]郭巨①，家贫，有子三岁，母尝减食与之。巨谓妻曰："贫乏不能供母，子又分母之食。盍埋此子？儿可再有，母不可

复得。"妻不敢违。巨遂掘坑三尺余，忽见黄金一釜，上云："天赐孝子郭巨，官不得取，民不得夺。"

诗曰：郭巨思供给，埋儿愿母存。

黄金天所赐，光彩照寒门。

注解

①郭巨：汉朝人，家贫，在养母与养儿的两难抉择下，选择了弃儿。

译文

汉代隆虑（今河南杯县）人郭巨，家境非常贫困。他有一个三岁的男孩，母亲经常把自己的食物分给孙子吃。郭巨对妻子说："家里窘困不能很好地供养母亲，孩子又分享母亲的食物。不如埋掉儿子吧？儿子可以再生，母亲如果没有了是不能复有的。"妻子不敢违拒他，郭巨于是挖坑，当挖到地下三尺多时，忽然看见一小坛黄金，坛子上写着字："上天赐给孝子郭巨的，当官的不得巧取，老百姓不许侵夺。"

卖身葬父

原　文

[汉]董永①，家贫。父死，卖身贷钱而葬。及去偿工，途遇一妇，求为董妻。俱至主家，令织缣②三百匹乃回。一月完成，归至槐阴会所，遂辞永而去。

诗曰：葬父贷孔兄，仙姬陌上逢。

织缣偿债主，孝感动苍穹。

注　解

①董永：后汉千乘人。

②缣：细绢。

译　文

汉朝时，有一个闻名的孝子，姓董名永。他家里非常贫困。他的父亲去世后，董永无钱办丧事，只好以身作价向地主贷款，埋葬父亲。丧事办完后，董永便去地主家做工还钱，在半路上遇一美貌女子，拦住董永要董永娶她为妻。董永想起家贫如洗，还欠地主的钱，就死活不答应。那女子左拦右阻，说她不爱钱财，只爱他人品好。董永无奈，只好带她去地主家帮忙。那女子心灵手巧，织布如飞。她昼夜不停地干活，仅用了一个月的时间，就织了三百尺的细绢，还清了地主的债务。在他们回家的路上，走到一棵槐树下时，那女子便辞别了董永。

刻木事亲

原　文

　　[汉]丁兰①幼丧父母，未得奉养，长而念劬劳之恩，刻木为像，事之如生。其妻久而不敬，以针戏刺其指，血出，木像见兰，眼中垂泪。因询得其情，即将妻弃之。

　　刻木为父母，形容在日身。

　　寄言诸子女，及早孝双亲。

注　解

　　①丁兰：后汉河内人。少丧母，刻木为像，事之如生。据说有邻人张叔，醉骂木像，以杖击其首，兰还，奋击张叔。吏捕兰，兰辞木像，像为流泪。与此文说的其妻以针刺其指、木像见兰垂泪的说法不同，可见都是传说故事。

译　文

　　东汉河内（今河南黄河北）人丁兰，幼年父母双亡，他没有机会奉养行孝，因而经常思念父母的养育之恩。于是用木头刻成双亲的雕像，对待雕像如同活人一样。他的妻子因为日久生烦，对木像便不太恭敬了，用针偷偷地刺木像的手指玩，木像的手指居然有血流出。后来木像见到丁兰后，眼中垂泪。丁兰查问妻子得知实情，就遂将妻子休弃。

涌泉跃鲤

原　文

　　［汉］姜诗[①]，事母至孝；妻庞氏，奉姑尤谨。母性好饮江水，去舍六七里，妻出汲以奉之。又嗜鱼脍[②]，夫妇常作。又不能独食，召邻母共食。舍侧忽有涌泉，味如江水，日跃双鲤，取以供。

　　诗曰：舍侧甘泉出，一朝双鲤鱼。

　　　　　子能事其母，妇更孝于姑。

注　解

　　①姜诗：后汉广汉人。

　　②脍：细切的鱼、肉。

译文

　　姜诗，东汉四川广汉人，娶庞氏为妻。夫妻孝顺，其家距长江六七里之遥，庞氏常到江边取婆婆喜喝的长江水。婆婆爱吃鱼，夫妻就常做鱼给她吃，婆婆不愿意独自吃，他们又请来邻居老婆婆一起吃。一次因风大，庞氏取水晚归，姜诗怀疑她怠慢母亲，将她逐出家门。庞氏寄居在邻居家中，昼夜辛勤纺纱织布，将积蓄所得托邻居送回家中孝敬婆婆。其后，婆婆知道了庞氏被逐之事，令姜诗将其请回。庞氏回家这天，院中忽然喷涌出泉水，口味与长江水相同，每天还有两条鲤鱼跃出。从此，庞氏便用这些供奉婆婆，不必远走江边了。

怀橘遗亲

原文

　　［后汉］陆绩①，字公纪。年六岁，于九江见袁术。术出橘待之，绩怀橘三枚。及归拜辞，橘堕地。术曰："陆郎作宾客而怀橘乎？"绩跪答曰："吾母性之所爱，欲归以遗②母。"术大奇③之。

　　孝顺皆天性，人间六岁儿。

　　袖中怀绿橘，遗母事堪奇。

注解

①陆绩：字公纪，三国时吴国人。博学多识，精通历算，孙权任为奏曹掾，以直道见称。后为太守，著述不废。

②遗：给予，馈赠。

③奇：引以为奇，看重。

译文

东汉时，有一位孝子姓陆名绩，字公纪。六岁的时候，父亲带他去九江拜见袁术。袁术拿来橘子招待他。他悄悄把三个橘子揣到怀里，告别跪拜的时候，橘子掉在地上。袁术责问他为什么悄悄地揣了三个橘子。陆绩跪着说："我母亲一向很喜欢吃橘子，我想把它拿回去孝敬母亲。"陆绩年仅六岁就知道孝敬母亲，袁术大为赞美。

扇枕温衾

原文

[后汉]黄香①，字文强，年九岁失母，思慕惟切，乡人皆称其孝。躬执勤苦，事父尽孝。夏天暑热，扇凉其枕簟；冬天寒冷，以身温其被席。太守刘护②表而异之。

冬月温衾暖，炎天扇枕凉。

儿童知子职，千古一黄香。

注解

①黄香：字文强，后汉安陆（今湖北省安陆市）人。九岁失母，事父至孝，年稍长，博通经典，能写文章，京师洛阳号称"天下无双，江夏黄童"。和帝时官至尚书令，勤于政事，忧公如家，喜荐拔人才。后任魏郡太守。

②刘护：明帝时为江夏太守。

译文

东汉江夏的黄香，九岁时母亲去世，终日思念感怀，极其感切，乡党们都夸他孝顺。他见父亲劳作辛苦，伺候父亲非常尽心。夏天酷热，他用扇子为父亲扇凉枕席；冬天寒冷，他用身体为父亲温暖被褥。太守刘护大为惊喜，特意表彰了他。

行佣供母

原文

［后汉］江革，少失父，独与母居。遭乱，负母逃难。数

遇贼，或欲劫将去，革辄泣告有老母在，贼不忍杀。转客下邳，贫穷裸跣①，行佣②供母；母便身之物，莫不毕给。

诗曰：负母逃危难，穷途贼犯频。

哀求俱得免，佣力以供亲。

①裸跣：赤身光脚。

②行佣：受人雇佣。

译　文

江革，东汉时齐国临淄人，少年丧父，侍奉母亲极为孝顺。战乱中，江革背着母亲逃难，几次遇到匪盗，贼人欲杀死他，江革哭告：老母年迈，无人奉养，贼人见他孝顺，不忍杀他。后来，他迁居江苏下邳，做雇工供养母亲，自己贫穷赤脚，而母亲所需甚丰。

闻雷泣墓

原　文

［魏］王裒（póu）①，字伟元。事亲至孝。母存日，性畏

雷，既卒，葬于山林，每遇风雨闻雷，即奔墓所，拜泣告曰："哀在此，母勿惧。"隐居教授，读《诗》至"哀哀父母，生我劬劳"，遂三复流涕，后门人至废《蓼莪》②之篇。

慈母怕闻雷，冰魂宿夜台。

阿香时一震，到墓绕千回。

注解

①王裒：字伟元，晋城阳营陵（今山东昌乐县东南）人。光祖王修，有名魏世。父王仪，以直言被司马昭所杀。裒痛父死于非命，终身教授，不为晋臣。家贫，自耕而食，不受馈赠。

②蓼莪：《诗经·小雅·蓼莪》："蓼蓼者莪，匪莪伊蒿。哀哀父母，生我劬劳。"（莪蒿长得长又高，不料非莪是散蒿。可怜我的父和母，生我养我多辛劳。）

译文

战国时魏国有一个名叫王裒的人，侍奉他的母亲特别孝道。他母亲在世的时候，生性胆小，惧怕雷声。母亲去世后，王裒把她埋葬在山林中寂静的地方。一到刮风下雨听到震耳的雷声，王裒就奔跑到母亲的坟墓前跪拜，并且低声哭着告诉道："儿王裒在这里陪着您，母亲不要害怕。"

哭竹生笋

原 文

[晋]孟宗①，少丧父。母老病笃，冬日思笋煮羹食。宗无计可得，乃往竹林中，抱竹而泣。孝感天地，须臾地裂，出笋数茎。持归作羹奉母。食毕，病愈。

诗曰：泪滴朔风寒，箫箫竹数竿。

须臾冬笋出，天意报平安。

注 解

①孟宗：字恭武，三国时吴国人。

译 文

晋代江夏人孟宗，少年时父亡。母亲年老病重，冬天里想喝鲜竹笋汤。孟宗找不到笋，无计可施，就跑到竹林里，抱住竹子大哭。他的孝心感动了上苍，不一会儿，忽然地裂开了，只见地上长出几根嫩笋。孟宗赶紧采回去做汤给母亲喝。母亲喝完后，病居然痊愈了。

卧冰求鲤

原文

[晋]王祥①，字休徵。早丧母，继母朱氏不慈，于父前数谮②之，由是失爱于父。母欲食生鱼，时值冰冻，祥解衣卧冰求之，冰忽自裂，双鲤跃出，持归供母。

继母人间有，王祥天下无。

至今河水上，一片卧冰模。

注解

①王祥：字休徵，山东临沂人。孝顺继母，有卧冰求鲤的故事。三国时曾任魏国徐州别驾，政化大行，后任太尉。司马炎称帝后拜为太保。

②谮：说人坏话，诬陷别人。

译文

晋代琅琊人王祥，表字休征。生母早丧，继母朱氏对他不慈爱，多次在父亲面前说坏话污蔑他，因此使他也失去了父爱。继母有次想吃新鲜活鲤鱼，当时适值天寒地冻，冰封河面。王祥却解开衣服趴在冰上寻找鲤鱼。冰面忽然自行融化了，两条鲤鱼跳了出来，王祥就逮了鱼回家供奉继母。

扼虎救父

原文

[晋]杨香①，年十四岁，随父丰往田获粟。父为虎曳去。时香手无寸铁，惟知有父而不知有身，踊跃向前，扼②持虎颈。虎亦靡然而逝，父因得免于害。

诗曰：深山逢白额，努力搏腥风。

父子但无恙，脱离馋口中。

注解

①杨香：晋代人。

②扼：掐住。

译文

晋朝时，有一位叫杨香的孝女，十四岁的时候就经常跟着父亲去田里收割庄稼。有一天，突然一只老虎把她的父亲衔去。当时杨香手无寸铁，但她深深地知道必须去救自己的父亲，于是不顾自身的危险，立即爬上虎背，紧紧扼住老虎的脖子，老虎竟颓然放下杨父跑掉了。她的父亲也就脱离虎口，保全了性命。

恣蚊饱血

原文

［晋］吴猛[1]，年八岁，事亲至孝。家贫，榻无帷帐。每夏夜，蚊多攒肤，恣渠膏血之饱。虽多，不驱之，恐去己而噬其亲也。

诗曰：夏夜无帷帐，蚊多不敢挥。

恣渠[2]膏血饱，免使入亲帏。

注解

①吴猛：字世云，晋代人。

②恣渠：放任蚊虫。

译文

吴猛是晋朝濮阳人，八岁时事亲至孝。因为家贫没有蚊帐，蚊子叮咬父亲使父亲不能安睡。每到夏天夜里，吴猛就赤身坐在父亲床前，任凭蚊子叮咬，蚊子再多也不驱赶，唯恐蚊子被赶走后去咬父亲。

尝粪心忧

原文

[南齐]庾黔娄，为孱陵令。到县未旬日，忽心惊汗流，即弃官归。时父疾始二日，医曰："欲知瘥剧①，但尝粪苦则佳。"黔娄尝之甜，心甚忧之。至夕，稽颡北辰，求以身代父死。

诗曰：到县未旬日，椿庭②遗疾深。

愿将身代死，北望起忧心。

注解

①瘥剧：病好和病重。

②椿庭：父亲的代称。

译文

黔娄，南齐高尚之士。曾任孱陵县令。赴任不到十天，忽然心惊流汗，预知家里有事，即弃官返回探亲。到家父亲刚病两天。医生说：要想知道病情吉凶，只有尝病人粪便的味道。味道苦是好现象。黔娄尝了父亲的粪便，觉得是甜的，心中十分忧虑。就夜里拜北斗祈求以自身代父去死。

乳姑不怠

　　[唐]崔山南①，曾祖母长孙夫人，年高无齿。祖母唐夫人，每日栉洗，升堂乳其姑。姑不粒食，数年而康。一日病，长幼咸集，乃宣言曰："无以报新妇恩，愿子孙妇如新妇孝敬足矣。"

　　诗曰：孝敬崔家妇，乳姑晨盥梳。

　　　　　此恩无以报，愿得子孙如。

　　①崔山南：唐崔琯，字从津，举进士，性方正。

　　崔山南，名琯，唐代博陵（今属河北）人，官至山南西道节度使，人称"山南"。当年，崔山南的曾祖母长孙夫人，年事已高，牙齿脱落，祖母唐夫人十分孝顺，每天盥洗后，都上堂用自己的乳汁喂养婆婆，如此数年，长孙夫人不再吃其他饭食，身体依然健康。长孙夫人病重时，将全家大小召集在一起，说："我无以报答新妇之恩，但愿新妇的子孙媳妇也像她孝敬我一样孝敬她。"

涤亲溺器

原文

[宋]黄庭坚①，字鲁直，号山谷，元祐②中为太史③。性至孝，身虽贵显，奉母尽诚。每夕为亲涤溺器，无一刻不供子职。

诗曰：贵显闻天下，平生孝事亲。

亲身涤溺器，婢妾岂无人。

注解

①黄庭坚：字鲁直，自号山谷道人，北宋洪州分宁（今江西省修水县）人。曾举进士，知鄂州、太平州。著名诗人，世称苏黄。又是书法家。

②元祐：北宋哲宗赵煦年号。

③太史：官名，宋有太史局，掌天文历法等事。

译文

宋朝黄庭坚，字鲁直，号山谷。元祐年间为太史。性情至孝，身虽显贵，奉母尽孝。每天晚上亲自为母亲洗涤便器，没有一天不尽儿子的义务。当时他做了官，身边能使唤的人很多，可是他坚持亲自洗涤便器，可见其他奉亲之事也不肯随便委人。

弃官寻母

原　文

　　[宋]朱寿昌①，年七岁，生母刘氏为嫡母所妒，出嫁。母子不相见者五十年。神宗朝，弃官入秦，与家人诀，誓不见母不复还。后行次同州，得之，时母年七十余矣。

　　诗曰：七岁生离母，参商五十年。

　　　　　一朝相见面，喜气动皇天。

注　解

　　①朱寿昌：字康叔，北宋天长人。官至司农少卿。

译　文

　　朱寿昌，宋朝天长人，字康叔，年七岁时，生母刘氏为嫡母所嫉妒，后来生母外出嫁人。母子五十年没有相见。神宗时，寿昌在朝居官，决心寻母，曾刺血写《金刚经》，弃官入秦，发誓不见母亲永不复还。后来行之陕州，遇到母亲和二弟，欢聚而归。当时母亲已经七十多了。